Cómo enseñar cualquier cosa:

Analiza temas complejos y explícalos con claridad, manteniendo el compromiso y la motivación

De Peter Hollins
Autor e investigador petehollins.com

Índice

CÓMO ENSEÑAR CUALQUIER COSA: *ANALIZA TEMAS COMPLEJOS Y EXPLÍCALOS CON CLARIDAD, MANTENIENDO EL COMPROMISO Y LA MOTIVACIÓN* — 3

ÍNDICE — 5

CAPÍTULO 1. LECCIONES DE LA CIENCIA DE LA PEDAGOGÍA — 7

ANDAMIAJE: EL PODER DE LOS PASOS DEL BEBÉ — 32

CAPÍTULO 2. MIRANDO EL PAISAJE — 44

LA TÉCNICA FEYNMAN — 55
GENERANDO UN MAPA CONCEPTUAL — 63
SACAR EL MÁXIMO DE LAS ANALOGÍAS — 69

CAPÍTULO 3. ELEMENTOS BÁSICOS — 84

EL MÉTODO SQ3R — 85
ACATAR EL FLORECIMIENTO — 105
REPETICIÓN ESPACIADA — 116
NOTAS DE CORNELL — 126
CÓMO UTILIZAR LA ANOTACIÓN ÚTIL — 134

CAPÍTULO 4. TÉCNICAS AVANZADAS — 145

APRENDIZAJE BASADO EN PROBLEMAS — 146
SÓCRATES EL GRANDE — 161
PENSAMIENTO CRÍTICO PRO — 177
RESUMIENDO — 185

CAPÍTULO 5. EL AMBIENTE ESTUDIANTIL 209

- ENTENDIENDO LA MOTIVACIÓN 211
- EL TRUCO DE LA GAMIFICACIÓN 218
- RESILIENCIA ACADÉMICA 234
- FRACASO PRODUCTIVO 247
- LIBERTAD DE JUICIO 254
- ENTENDIENDO LA RETROALIMENTACIÓN 259

Capítulo 1. Lecciones de la ciencia de la pedagogía

Imagínate que estás con un amigo que te ha pedido que le enseñes a hacer algo en lo que tú eres un experto. Él no sabe nada y necesita que le enseñen. ¿Cómo le ayudas? La mayoría de nosotros estamos más familiarizados con estar en los zapatos del estudiante y no en los del profesor, y cuando nos piden que enseñemos algo, nos enfrentamos a una perspectiva interesante:

ver el conocimiento desde la perspectiva de quien ha de comunicárselo a otra persona.

Probablemente tuviste algunos profesores favoritos en la escuela o la universidad, pero ¿qué los hizo exactamente tan efectivos? Si te consideras un estudiante de toda la vida y un autodidacta, probablemente sepas que tu enfoque teórico, tu actitud y tus métodos marcan la diferencia. En este libro veremos el aprendizaje, pero a través de la perspectiva menos común de un maestro.

Pero en lugar de centrarnos en la filosofía de la educación en general o en los planes de estudio escolares, exploraremos los fundamentos más importantes de lo que hace que un maestro sea excelente, ya sea formalmente en el aula o simplemente cuando ayuda a un amigo.

El maravilloso efecto secundario es que dominar el papel de un maestro eficaz tiene una forma de convertirte en un mejor alumno, a medida que te familiarizas con el aprendizaje y la adquisición de conocimientos como una materia valiosa en sí misma. Comenzaremos con los fundamentos de la *pedagogía* o el estudio de la educación y el aprendizaje. Con suerte, al final de este libro, podrás utilizar estos principios generales de formas creativas que vayan mucho más allá del contexto estándar profesor-alumno.

Cinco enfoques pedagógicos clave

La enseñanza es, en esencia, una especie de conversación, en la que se comunica y transmite nueva información a una persona que no la tiene. El enfoque que adoptes depende de cómo ves al alumno, al profesor, la relación entre ellos, la información y las reglas que rigen la transferencia de conocimientos.

Para enseñarle a tu amigo lo que sabes, puedes comenzar con lo que ya entiende y construir a partir de ahí. Por ejemplo, primero enseña un principio básico, o te basas en su conocimiento existente de conceptos, para expandir e introducir algo nuevo. Fortalece esta nueva adquisición al participar en tareas de resolución de problemas. Tu papel como maestro es básicamente diseñar una carrera de obstáculos útil para tu estudiante, quien, al avanzar a través de ella, aprende cosas nuevas.

A esto se le llama **enfoque constructivista**. Esta es una excelente manera de enseñar ideas complejas. Funciona porque construye estos conceptos principales a partir de conceptos más pequeños y simples. El estudiante los domina y luego avanza de una manera estructurada. Por ejemplo, los estudiantes a menudo aprenden un instrumento de esta manera: primero dominan las escalas, la lectura de música y el manejo básico del instrumento antes de pasar a combinaciones cada vez más complejas de esas habilidades.

Si estás enseñando a más de una persona, digamos dos amigos juntos, utiliza el enfoque constructivista creando un ambiente de colaboración entre los estudiantes. En lugar de proceder de una manera muy estructurada como otros métodos, utiliza lo que ambos saben de base para transmitir lo que deseas enseñar. Las analogías son una forma particularmente útil de hacer esto y les permite a los estudiantes «construir» una comprensión de un nuevo concepto basado en el anterior.

Sin embargo, un inconveniente de este enfoque es que puede no estar estructurado. Algunos estudiantes luchan por hacer conexiones entre diferentes conceptos y simplemente no aprenden bien de esa manera. Requieren estructura y preferirían que se les dijera exactamente cómo pensar y comprender algo, en lugar de esperar que construyan su propia comprensión de los conceptos. (McLeod 2019)

Pero puedes adoptar otro enfoque. ¿Alguna vez de niño te sentaste en el aula y te preguntaste: «¿Qué sentido tiene todo esto?» porque no entendiste cómo aplicar la lección al «mundo real»? No lo hubieras pensado si tu profesor hubiese utilizado lo que se llama un **enfoque integrador**, es decir, una enseñanza que incorpora nuevos conocimientos de una manera práctica y aplicada. Un ejemplo es un profesor de idiomas que hace que los alumnos representen ciertos encuentros que probablemente tendrían en un país diferente, como pedir comida en un restaurante.

Este enfoque funciona porque toma conocimiento seco y abstracto y lo hace cobrar vida en contexto. Es mucho más probable que un estudiante se sienta inspirado y comprometido con una lección si sabe lo que *significa* y cómo funciona de forma práctica en la vida real. Probablemente esta sea la razón por la que has olvidado todo lo que aprendiste sobre trigonometría en la escuela secundaria: ¡nunca has tenido que aplicar esas habilidades en la vida cotidiana! Por supuesto, puedes imaginarte que algunos tipos de conocimiento se prestan a un enfoque integrador más que otros. Por otro lado, tus maestros de escuela favoritos probablemente fueron aquellos que entendieron este principio y trabajaron duro para hacer que incluso los temas «aburridos» parecieran relevantes, actuales e interesantes.

Siguiendo con tus recuerdos de la escuela, ¿puedes recordar a ese maestro que solía decir: «Está bien, ahora todos se unen a grupos de cuatro». Algunos estudiantes detestan el trabajo en grupo, pero hay buenas razones para usar el **enfoque colaborativo** en el aula y fuera de él. La colaboración consiste en utilizar el trabajo en equipo para compartir el proceso de aprendizaje en un grupo. Algunos investigadores educativos[1] han descubierto que el aprendizaje mejora cuando las personas trabajan juntas en algo, y puedes imaginar por qué. Los seres humanos somos criaturas sociales, y el proceso de explicar, comunicar, negociar, aclarar e incluso discutir puede hacer que un tema se enfoque más claramente que si simplemente te hubieras sentado en silencio y solo con él.

Con un enfoque colaborativo, el maestro aprovecha a otros estudiantes para que actúen como co-maestros. Es casi una garantía de que cada estudiante en un grupo tendrá diferentes fortalezas y habilidades, pero esto significa que los estudiantes pueden ayudar a otros simultáneamente en algunos aspectos, mientras son apoyados por otros estudiantes en áreas donde son más débiles. Una especie de autocorrección ocurre en grupos, donde el todo parece mayor que la suma de las partes. En este caso, el maestro puede actuar como miembro del grupo, o ser más bien un facilitador independiente que organiza las condiciones bajo las que opera el grupo.

Podemos imaginar este enfoque en una escuela donde un profesor de ciencias pide a grupos pequeños que trabajen juntos para realizar un experimento y hacer un informe científico. Esto requiere que identifiquen sus respectivas habilidades y asignen diferentes tareas en consecuencia, viendo que todo se une y (con suerte) aprovechando las habilidades y conocimientos de los demás. Pero este enfoque funciona en las aulas con la misma facilidad, y muchas personas lo adoptan naturalmente cuando enseñan.

Por ejemplo, un gerente que enseña al personal nuevo cómo operar una máquina puede pedirle a un personal un poco más experimentado que realice la capacitación mientras supervisa. De esta forma el personal actual consigue reforzar sus conocimientos al mismo tiempo que enseñan a otros. En cierto modo, estos miembros del personal con más experiencia están más cerca de los nuevos reclutas que el gerente y recuerdan lo que era no saber cómo operar la máquina. El gerente puede aprovechar este conocimiento y «enseñar» principalmente facilitando un proceso de intercambio natural.

Otra técnica pedagógica muy eficaz es el **enfoque basado en la indagación**. Como sugiere el nombre, este método pone las preguntas en el centro del proceso de aprendizaje. Cuando lo piensas, así es como naturalmente se desarrolla el aprendizaje dentro de nosotros. Nos preguntamos: ¿Qué es esto? ¿Como funciona? ¿Por qué sucedió tal cosa? ¿Qué pasará después? ¿Cómo puedo ir de A a B? El enfoque basado en la indagación trabaja con la pregunta, la respuesta y la parte intermedia.

Por ejemplo, una «consulta de confirmación» establece la pregunta, su respuesta y el método utilizado para llegar a la respuesta. Esto les confirma a los estudiantes cómo se hace. También puedes plantear una «investigación más estructurada» y darle al alumno una pregunta y el método para responderla, pero permítele encontrar la respuesta por sí mismo. Una «consulta guiada» es simplemente ofrecer una pregunta, y el estudiante tiene la tarea de crear su propio método para llegar a la solución, así como la solución en sí.

Finalmente, podrías no ofrecer nada, ninguna pregunta, método o respuesta, y dejar que el estudiante idee los tres por sí mismo. Este último enfoque es una «investigación abierta» y sustenta fundamentalmente enfoques educativos como el método Montessori. Aquí, los niños de diferentes edades se agrupan y se les permite perseguir lo que quieran aprender. Esto les deja plantearse sus propias preguntas relacionadas con el interés que tengan, después de lo cual también idean métodos para responderlas.

El uso de preguntas de esta manera estimula a los estudiantes a pensar en problemas nuevos por sí mismos, en lugar de que un maestro simplemente les dé información inerte. Podrías decir: «Si resolvimos el viejo problema de tal o cual manera, ¿cómo deberíamos resolver este nuevo problema?». Estás planteando una pregunta y un método, y empujando a tu alumno hacia la respuesta correcta. Por otro lado, puedes entregarle a un amigo tres libros y pedirle que elabore una pregunta que crea que se adapta mejor al material contenido en los tres. Esto los impulsa no solo a buscar soluciones y nuevos métodos, sino incluso a hacer sus propias indagaciones desde el principio.

Si bien este método tiene muchos beneficios, como su capacidad única para fomentar la curiosidad, tiene algunos inconvenientes. Por un lado, puede ser muy difícil para un maestro prepararse para un enfoque basado en la indagación. Enseñar exhaustivamente un concepto a través de una serie de preguntas y respuestas requiere mucho más esfuerzo que otros enfoques. El método también puede fracasar si sus alumnos no pueden responder las preguntas que ha preparado para ellos. En el peor de los casos, incluso podría hacerlos sentir avergonzados y disminuir su confianza, especialmente si tienen problemas de aprendizaje o no son pensadores rápidos. (Gutiérrez 2018)

Si te preguntas si estos enfoques se pueden combinar, la respuesta es sí. El **enfoque reflexivo**, de hecho, es un método pedagógico final que coloca la reflexión regular en el centro del aprendizaje. Aunque todos estos enfoques son valiosos por diferentes razones, ninguno funcionará si se aplican sin pensar en situaciones inapropiadas. Bajo el enfoque reflexivo, el maestro se detiene regularmente y evalúa las técnicas que se están utilizando, y se ajusta en consecuencia.

¿Lo que estás haciendo realmente funciona para este estudiante y este tema en este momento? ¿Por qué sí o por qué no? ¿Qué funcionaría mejor? A los profesores en formación a menudo se les anima a permanecer en modo reflexivo mientras ellos mismos aprenden qué es efectivo y qué no lo es, y por qué. Este enfoque destaca un principio importante: que la enseñanza es práctica, se trata de lo que funciona. No hay temas demasiado difíciles ni estudiantes incapaces, solo métodos que no son adecuados. Cuando adoptas la perspectiva reflexiva, te recuerdas a ti mismo que la enseñanza es solo una herramienta y que puedes y debes probar diferentes enfoques para alcanzar tu objetivo final. Esto promueve la experimentación, pero al igual que el enfoque basado en la indagación, exige mucho esfuerzo del maestro para diseñar estrategias para enseñar enfoques que son nuevos para ellos.

Todo en los capítulos siguientes se refiere a uno o más de estos cinco enfoques pedagógicos, de una forma u otra. Vale la pena recordar que, aunque gran parte de la teoría disponible sobre la enseñanza y el aprendizaje está diseñada para aulas convencionales, estos enfoques y métodos son universales y tu imaginación es el único límite cuando se trata de dónde y cómo aplicarlos.

Fortalezas y limitaciones del cerebro

El cerebro no es una máquina. Aunque a veces actúa un poco como un procesador de ordenador, no lo es: es una entidad biológica con limitaciones naturales en su capacidad para asumir nueva información. Muchas guías de autoayuda que prometen una memoria sobrehumana o una productividad ultrarrápida nos hacen creer que el cerebro puede ponerse en forma si nos esforzamos lo suficiente. De hecho, es más probable que aprendamos bien y enseñemos bien si trabajamos dentro de los límites de nuestro cerebro en lugar de presionar contra ellos. Necesitamos ser estratégicos.

Los enfoques pedagógicos que hemos cubierto solo funcionarán cuando les demos a nuestros estudiantes (y a nosotros mismos) suficiente tiempo, espacio, paciencia y el desafío adecuado para aprender realmente. El camino más óptimo es el equilibrado, con mucho tiempo para descansar e integrar material nuevo. Entonces, sea cual sea el enfoque que se adopte y lo que sea que se aprenda, el volumen y la intensidad del aprendizaje deben coincidir y respetar las capacidades inherentes al cerebro, y no excederlas; de lo contrario, tu enseñanza no servirá de nada.

Introduce un modelo llamado «teoría de la carga cognitiva», que es más o menos lo que parece. En pocas palabras, esta teoría nos recuerda que la mayoría de las veces el cerebro solo puede hacer una cosa nueva a la vez. Al ver esto, debemos priorizar qué es esa cosa. El psicólogo John Sweller propuso la teoría en 1998 para explicar cómo el cerebro encuentra, procesa y almacena nueva información. Cuando aprendemos algo nuevo, usamos nuestra memoria de trabajo, pero una vez asimilada la información, la guardamos en la memoria a largo plazo en forma de esquemas mentales.

Cuando aprendemos algo nuevo, se necesita mucha más energía cognitiva que recuperar algo ya aprendido y «almacenado». Esta es la carga cognitiva y, al igual que tus músculos tienen límites naturales para las cargas físicas que pueden soportar, tu cerebro tiene límites para lo que puede transportar mentalmente. La memoria a corto plazo, en otras palabras, es un recurso limitado, y si queremos ser los mejores aprendices o maestros posibles, debemos trabajar de manera inteligente con lo que tenemos.

Una forma obvia de mejorar el aprendizaje o la enseñanza es hacer esfuerzos para reducir la carga cognitiva. Deseas obtener el máximo aprendizaje con el menor «gasto» posible de energía cognitiva. ¿Cómo lo puedes lograr? Bueno, si deseas mover una gran pila de piedras de aquí para allá y solo tienes una pequeña carretilla, el método es obvio: lo haces gradualmente, una pequeña carga a la vez. Esto es como alterar el contenido de lo aprendido para que sea más fácil de asimilar. Si le pides a tu alumno que divida las cosas en partes, que las simplifique o que trabaje con resúmenes, estás reduciendo la carga cognitiva al alterar el contenido que el cerebro tiene que procesar.

Pero hay otras formas de aligerar la carga. Puedes concentrarte en los pasos o etapas de una *secuencia*, en lugar de tratar de digerir todo de una vez. Esto significa que desglosamos las cosas temporalmente para los estudiantes. Primero, considera solamente el comienzo. Una vez que lo hayas logrado, observa el siguiente paso y así sucesivamente, construyendo sobre la marcha. Un profesor de biología podría mostrarte el funcionamiento de un elemento diminuto en un ecosistema y continuar mostrando cómo cada elemento más grande se conecta con los demás. La imagen completa es demasiado para asimilarla de una vez, pero es más manejable cuando se cuenta como una secuencia o historia con un comienzo y un final.

Ponte en los zapatos de alguien que intenta aprender un nuevo concepto de química. Puedes tomar un libro sobre el tema y tratar de comprenderlo, pero encuentras términos como «quiralidad óptica» y «enantiómeros». Debes dejar de leer e ir a buscar definiciones de estos términos, pero cuando lo haces, te das cuenta de que hay aún *más* términos que debes comprender antes de continuar. Bastante abrumador, ¿verdad? El problema aquí es que la persona está tratando de trabajar en dos niveles a la vez, haciendo malabarismos con el uso y la aplicación de ciertos conceptos al mismo tiempo que trata de comprenderlos correctamente. Hay demasiado en la memoria de trabajo y no hay suficiente en la memoria a largo plazo para aprovechar. ¿Qué sucede? El cerebro está sobrecargado y no se puede construir nuevos esquemas.

Sin embargo, si tú eres el maestro y comprendes la teoría de la carga cognitiva, la idea es que puedas crear deliberadamente un entorno de aprendizaje que guíe a tu alumno de tal manera que disminuyas su carga cognitiva, dirijas su enfoque y lo ayude a desarrollar esquemas útiles, paso a paso. En nuestro ejemplo, un buen maestro puede decir: «Mira, primero debes comenzar con este concepto, luego pasar a este material y luego ponerlo todo junto con esta pieza final». La idea es observar cómo el cerebro normalmente aprende cosas nuevas y recrearlas deliberadamente.

Los académicos e investigadores que han examinado esta teoría a menudo no están de acuerdo sobre cómo se podría aplicar exactamente en el aula. Por ejemplo, ¿reducir la carga cognitiva significa entregar explicaciones preparadas a los estudiantes para que gasten la menor cantidad de energía cognitiva posible, que podrían usar para formar nuevos esquemas? Sin duda, esto iría en contra de la experiencia de muchos profesores, que han descubierto que proporcionar soluciones parciales puede ser más eficaz.

Otro dilema surge al considerar el uso de materiales audiovisuales. Si bien estos tienden a reducir la carga cognitiva cuando se usan con moderación, exagerar puede incrementar la carga cognitiva.

Sin embargo, recuerda que nuestro objetivo en este libro no es diseñar planes de estudio escolares más efectivos ni filosofar sobre la profesión docente; más bien, estamos usando estos principios para nosotros mismos, para convertirnos en mejores maestros y facilitadores en cualquier esfuerzo de aprendizaje. Podemos sacar la lección más obvia y poderosa de esta teoría: que el aprendizaje, cuando ocurre naturalmente, es incremental y ocurre en pequeñas unidades que se construyen unas sobre otras. Además, si queremos enseñar de la mejor manera posible, necesitamos encontrar formas de reflejar este proceso de aprendizaje natural y apoyarlo en las personas a las que intentamos enseñar.

Esto significa prestar mucha atención a la carga cognitiva: ¿tiene tu estudiante suficiente conocimiento almacenado para aprovechar? ¿Le presentas demasiadas cosas a la vez? ¿Cómo está marcando el ritmo de la entrega de información? ¿Es esto abrumador o es un suave desafío para tu estudiante?

Una forma relacionada de pensar sobre el aprendizaje humano se llama modelo de procesamiento de información, donde el cerebro se ve como una especie de ordenador. Comienza con la detección y la percepción de información, donde determinamos si vale la pena prestarle atención. Luego, mantenemos este fragmento de información en nuestra memoria a corto plazo o de trabajo durante unos segundos, pero, a menos que lo guardemos en la memoria a largo plazo de alguna manera, desaparece más o menos.

El siguiente paso, si sucede, es que la información se codifica y se archiva en la memoria a largo plazo en un esquema mental, junto con cualquier pista que ayude a recuperarla más adelante. El siguiente paso sería la recuperación, que a menudo se desencadena por un entorno específico.

Entonces, ¿cómo podemos utilizar esto para convertirnos en mejores maestros? Veámoslo a través de un ejemplo. Supongamos que deseas enseñar a un grupo de personas los beneficios de usar un determinado producto. Primero, deberás encontrar formas de ayudar a este grupo a retener la información en tu **memoria sensorial**. Como sugiere el nombre, esto se hace apelando a varios sentidos, de los cuales los más importantes son la vista y el oído. Para hacer esto, enséñales el producto y distribuye un poco para que el grupo pueda tocarlo y sentirlo. También debes explicar los beneficios de usarlo de manera oral a través de palabras, así como visualmente a través de infografías y otros materiales. Hay personas que aprenden mejor cuando se pone énfasis en diferentes sentidos. El uso de la audición o las palabras ayudará a algunos a aprender mejor, mientras que otros responderán al poder sentir el producto en sus manos.

Luego, debemos asegurarnos de que la memoria sensorial se convierta en

memoria a corto plazo. Los factores que influyen en esta transferencia son la cantidad de información que debe procesarse, el nivel de atención del alumno y las capacidades cognitivas individuales. Por lo tanto, si puedes hacer que el paso anterior sea lo más interesante posible para atraer y llamar la atención de tus estudiantes, activarás sus sentidos y ayudarás a transferir su aprendizaje a la memoria a corto plazo.

El último paso es tomar esta información y guardarla en su **memoria a largo plazo**. Esto puede ser complicado, pero la repetición es la clave. Encuentra formas novedosas de decir lo mismo para que puedas entrar a las partes más importantes de la mente de tus estudiantes. Mantén enfocada la información que estás proporcionando y divide todo en partes pequeñas y digeribles. Conéctalo a un propósito de la vida real. Entonces, si deseas que vendan el producto, enfatiza qué beneficios son los más populares. Si deseas que comiencen a usarlo, enfatiza los problemas comunes y cómo el producto ayudará a resolverlos. Todo esto les ayudará a retener la información en su memoria a largo plazo, asegurando que no la olviden durante mucho tiempo.

Consejos didácticos de la teoría de la carga cognitiva y el modelo de procesamiento de la información

Conociendo la «arquitectura» del cerebro y sus procesos procedimentales, podemos optimizar el aprendizaje. Según John Sweller, podemos procesar un máximo de dos o tres piezas de información nueva en nuestra memoria de trabajo en cualquier momento y mantener este enfoque durante unos veinte segundos. Cuando transferimos algo del trabajo a la memoria a largo plazo, se puede decir que lo hemos aprendido. Así que tómate tu tiempo. Divide la información en trozos e introdúcelos en la memoria a largo plazo de forma lenta y constante. Sé explícito y detallado en tu explicación. Proporciona muchos ejemplos y vincula tantos conceptos como sea posible con los que tu estudiante ya posee, para anclarlos.

Otros consejos incluyen tomar un breve descanso cada diez o quince minutos, ya que la atención suele decaer de todos modos. Podrías cambiar de actividad en lugar de dejar de aprender completamente Solo mantén las cosas frescas y en movimiento. El objetivo es mantener a tu estudiante comprometido y activo. Fomenta la conversación con preguntas e indicaciones (recuerda el enfoque basado en la investigación) y mezcla las cosas. Dado que el tiempo y la atención son limitados, guía el proceso mostrándole a tu alumno qué es lo más importante y en qué debe centrarse más.

Aprovecha la memoria a largo plazo conectando material nuevo con material antiguo, contextualizando, invitando a reflexionar más profundamente sobre el tema o mirando estudios de casos, ejemplos o problemas. Para aligerar la carga cognitiva, mantén las cosas simples y bien organizadas. Por ejemplo, diseña una lección de una hora en cuatro partes de quince minutos, cada una con la oportunidad de crear un mapa mental simple que resuma los puntos aprendidos. Dedica mucho tiempo a explorar y revisar: cuanto más pienses en un punto en particular, más posibilidades tendrás de que se codifique en la memoria a largo plazo.

Por último, haz que tus alumnos participen en estos planes de lecciones o deliberaciones: explica cómo está organizando conceptos y mapeando ideas. Déjales ver la relación entre cada uno de los conceptos que están aprendiendo y cómo encaja todo. Recuerda, al cerebro le encantan las conexiones: cuantas más conexiones *significativas* puedas establecer entre fragmentos de información, mejor podrás archivar y recuperar esa información más adelante.

Andamiaje: el poder de los pasos del bebé

Ser un buen maestro se trata de comprender cómo las personas absorben, retienen y usan naturalmente la nueva información. Si piensas en alguna habilidad o conocimiento que tengas actualmente, es probable que lo hayas aprendido gradualmente, paso a paso. Los expertos siempre comienzan como novatos, y el camino de uno a otro está lleno de cambios incrementales en lugar de grandes saltos.

El nombre elegante para este proceso de aumentar el dominio desde niveles más bajos de capacidad se llama andamio, ya que se refiere a la construcción cuidadosa de una estructura mental compleja con unidades más pequeñas y simples. Lo mejor de aprender a usar el andamiaje, ya sea como maestro o como estudiante, es que es una habilidad verdaderamente transferible; es difícil imaginar un dominio en la vida donde no se aplique.

Tu objetivo general como profesor que utiliza la técnica del andamiaje es simplificar. Como hemos visto, esto reduce la carga cognitiva porque todo lo que el cerebro tiene que administrar en la memoria de trabajo es una pequeña porción de información. Una vez que esto se almacena en la memoria a largo plazo, se puede considerar el siguiente paso, nivel o unidad.

Dependiendo de tu alumno y de lo que estés intentando enseñarle, el proceso de andamiaje puede variar en complejidad. Por ejemplo, puedes seguir una serie de etapas graduadas para enseñar cómo usar un *software* con el que no está familiarizados. Construir un andamio es como proporcionar apoyo mental y estructura a medida que la persona avanza hacia el objetivo más grande: comprender cómo usar todo el programa de manera efectiva.

Puedes comenzar con la *provisión de conocimientos*: podrías dar algunas explicaciones e instrucciones para el programa, para qué se utiliza y una introducción general a los principios básicos.

Luego, podrías pasar a una *demostración de estrategias*: podrías ejecutar algunas operaciones en el programa, mostrando a los estudiantes exactamente qué hacer para lograr ciertos resultados, mientras te observan.

Puedes aplicar esto al *modelado*: aquí es donde construye un modelo que abarca la información que has compartido, o muestra cómo encajan las estrategias anteriores.

A continuación, podrías pasar a los *cuestionamientos*: podrías pedirles que adivinen cómo hacer otra operación relacionada, dado lo que ya les has mostrado. Tu demostración naturalmente podría generar una pregunta: ¿qué hacemos si queremos realizar una operación ligeramente diferente? ¿Podemos seguir usando la misma técnica? Esta podría ser tu señal para pasar a mostrarles otra estrategia más compleja, siempre que comprendan completamente la primera.

Puedes hacer uso constante de las *instrucciones* sobre la marcha: dile a tu estudiante, «haz clic aquí para hacer XYZ» o «así es como importas un archivo».

En todo momento, puedes hacer *comentarios y correcciones*: haz una pregunta, mira cómo responde tu estudiante e infiere dónde está su nivel de comprensión. Ofrece correcciones de manera suave y positiva, retrocediendo a instrucciones anteriores o conceptos más simples para verificar la comprensión. Puedes utilizar comentarios generales como, «Es más rápido usar un método abreviado de teclado para eso» o «es posible que desees probar una configuración diferente allí».

Por último, puedes utilizar la reestructuración de la tarea a medida que avanzas: configura las mini tareas de los estudiantes para que las completen antes de tocar un tema algo más complicado, o ignora deliberadamente algunos aspectos del programa que estás enseñando para que puedas explicar un punto en particular con mayor claridad. Puedes mostrarles cómo *no* hacer algo para que entiendan por qué no funciona. Por ejemplo, utiliza deliberadamente el programa de forma incorrecta y déjales ver cómo se vuelve inutilizable o se bloquea.

Si todos estos pasos suenan complicados, no tiene por qué ser así; el andamiaje puede ser sutil y espontáneo sin perder su eficacia. Puede ser tan simple como recordarle a un niño que reduzca la velocidad, lea la oración nuevamente y pronuncie palabras difíciles si es necesario. Anima a tus alumnos a mirar primero los fragmentos más simples y, una vez que los dominen, dirige su atención a las conexiones entre ellos mediante preguntas, indicaciones y pistas. Los mejores maestros pueden ayudar a un estudiante a llegar al siguiente nivel de complejidad por sí mismos; el mejor «plan de lección» es cuando los propios estudiantes están ansiosos por pasar al siguiente paso.

Otra forma de pensar en el andamiaje es imaginar que se trata de un proceso gradual de «entrega» al alumno: progresa lentamente de estar centrado en el profesor a estar centrado en el alumno. Este enfoque se ha llamado «yo hago, nosotros hacemos, tú haces» o, a veces, «enséñame, ayúdame, déjame». Veamos cada uno de los tres pasos usando un ejemplo simple de enseñarle a alguien cómo hornear un complicado *soufflé* francés.

Instrucción dirigida por un maestro, o «Sí, quiero»

Le dices a tus alumnos que te observen atentamente mientras preparas la receta, para que puedan ver cómo está hecha. Al hacerlo, les das algunas instrucciones, compartiendo activamente el conocimiento que ellos reciben de forma pasiva. Deseas cubrir todos los nuevos conceptos, habilidades e información, por ejemplo, «Estoy usando un cuenco de metal, ¿ves? Los tazones de metal quedan muy limpios y no quieres ni el más mínimo residuo de aceite allí, o estropeará tus claras de huevo».

En esta etapa, te aseguras de que tus estudiantes estén orientados al nuevo material y sepan cuál es el propósito de la lección (en este caso, ¡observa de cerca para que puedas hacer lo mismo!). Quieres establecer claramente las limitaciones y los objetivos, es decir, hoy estamos haciendo un *soufflé* perfecto. Aprovecha cualquier conocimiento previo, brinda explicaciones significativas y relevantes, e incluso ejemplos.

Cooperación de maestros y estudiantes, o «lo hacemos»

Esta es la parte en la que usas «ruedas de entrenamiento» y aumentas gradualmente la participación de tus estudiantes. Todavía estás dando instrucciones, pero ahora estás enfocado en guiar sus acciones. Podrías supervisarlos haciendo un *soufflé* usando lo que les has enseñado, aunque tú todavía estás ahí, haciendo parte del trabajo, e indicando y corrigiendo sobre la marcha. Se trata de brindar la oportunidad de practicar una nueva habilidad o recuperar información almacenada, pero con un poco de apoyo: psicológico y cognitivo.

Ves paso a paso (recordando que las secuencias suelen reducir la carga cognitiva) y utiliza preguntas e indicaciones para llevar al alumno al siguiente paso. «Está bien, ahora es el momento de ponerlo en el horno... ¿Recuerdas en qué parte del horno va y por qué?». Anima a tus estudiantes a demostrar su comprensión o habilidad de una manera limitada al principio; ¡siempre se agradece un poco de aliento y comentarios positivos! Los errores son parte del proceso y te permitirán detener, ajustar y reforzar de la manera correcta.

Práctica dirigida por estudiantes, o «tú haces»

El objetivo final es que tus estudiantes puedan realizar la habilidad o recuperar la información por sí mismos, sin ti. En algún momento, las ruedas de entrenamiento se desprenden. Después de un tiempo, puedes pedirles a tus estudiantes que t preparen un *soufflé* perfecto desde cero, sin tu supervisión. Esto les da la oportunidad de demostrar de forma independiente su progreso y compararlo con las metas que ambos establecieron al principio.

Obviamente, si tus estudiantes producen lo que parece un disco de *hockey* desinflado y quemado, ¡es hora de volver a la mesa de trabajo y construir mejores andamios!

Aportes

- Podemos aprovechar los cinco enfoques pedagógicos más comunes para convertirnos en mejores maestros, ya sea dentro del aula o en contextos más informales.
- El enfoque constructivista se trata de desarrollar conocimientos y habilidades a partir de información que ya conoce el estudiante. Tú les ayudas a «construir» nuevos conocimientos relacionando todo con este conjunto de conocimientos existentes para conectar dos conceptos diferentes.
- El enfoque integrador se centra en hacer que las lecciones sean prácticas y aplicables en el mundo real. Cuanto más relevante y contextual sea la nueva información, más probable será que los estudiantes la retengan.

- El enfoque colaborativo utiliza las fortalezas de la colaboración grupal entre estudiantes para apoyar el aprendizaje. Tú confías en que los estudiantes dentro del grupo se enseñen unos a otros exponiéndolos a puntos de vista y conocimientos únicos que todos tienen.
- El enfoque basado en la indagación consiste en dirigir el aprendizaje pidiéndole al estudiante que elabore una pregunta, un método para llegar a una respuesta, la respuesta o alguna combinación de estos tres.
- El enfoque reflexivo consiste en adaptar los métodos de enseñanza que se utilizan para que se adapten mejor al alumno que tienes delante, tomándote un tiempo para evaluar con regularidad lo que funciona y lo que no.
- El cerebro no es una máquina. La teoría de la carga cognitiva nos dice que como el poder del cerebro es limitado, necesitamos pensar estratégicamente y reducir la carga mientras maximizamos el

aprendizaje. Esto se puede hacer de diversas formas que respetan en lugar de presionar contra los procesos de aprendizaje naturales del cerebro. Algunas estrategias implican mantener tu material centrado en temas particulares, repetir la información tanto como puedas y apelar a los sentidos de manera que llame la atención.

- El andamiaje es el principio de realizar pequeñas mejoras incrementales y construir conceptos o habilidades más grandes a partir de conceptos más pequeños y simples. Esto se puede resumir como «Yo hago, nosotros hacemos, tú haces» para mostrar cómo el maestro entrega gradualmente el control y el dominio al alumno.

Capítulo 2. Mirando el paisaje

En toda esta charla de andamiaje, de trazar planes para alcanzar las metas y de organizar cuidadosamente el aprendizaje para que la información se entregue en partes manejables, es posible que te hayas preguntado: ¿quién decide sobre estas metas, estos pequeños pasos o estas partes? En el capítulo anterior vimos que era importante presentar nueva información sistemáticamente para tus estudiantes (después de todo, este es exactamente el trabajo de un profesor) pero luego la pregunta es: ¿cuál es la mejor manera de hacerlo?

Los buenos profesores tienen la ventaja de la perspectiva. En comparación con sus alumnos, que solo pueden ver secciones pequeñas y poco claras del todo más grande, el maestro puede verlo todo y comprende cómo todo se conecta con el panorama general. De hecho, es esta ventaja en perspectiva la que le permite al maestro impartir cualquier cosa de valor al estudiante; de lo contrario, serían simplemente dos estudiantes dando vueltas juntos tratando de encontrar su camino.

Los buenos profesores pueden ver el «paisaje» completo y saber lo que tienen delante. Esto les permite priorizar tareas, guiar las cosas correctamente, establecer metas. Esto puede parecer poco importante si no estás acostumbrado a enseñar, pero de hecho es lo más importante que haces como profesor, porque influye en la forma en que piensas sobre el material que tienes delante y en cómo se lo transmites a tus estudiantes.

Ver el paisaje de manera incompleta o incorrecta significa que le das a tu estudiante una visión defectuosa para trabajar, comprometiendo así su aprendizaje. Sin una hoja de ruta sensata a través del territorio, por así decirlo, puede perderse, encontrarse desorganizado o confundido, o incapaz de anticipar o predecir los problemas u oportunidades que se avecinan. En un nivel más básico, simplemente no inspirará confianza en la persona a la que estás tratando de enseñar y, lo que es peor, puede enseñarle algo completamente incorrecto.

Si crees que ser un experto en un campo determinado te califica para enseñar, ya que estás familiarizado con el «mapa», piénsalo de nuevo. Los maestros poseen conocimientos, pero su principal habilidad es transmitir o comunicar esos conocimientos. En cierto modo, ser un buen profesor no se trata solo de conocer el terreno intelectual, sino también de saber cómo ignorar selectivamente lo que no es relevante en ese terreno, para que el alumno pueda concentrarse en lo que sí lo es. Si este no fuera el caso, la gente podría aprender cualquier cosa y todo perfectamente usando nada más que artículos de Google o de revistas.

El maestro esencialmente construye una visión truncada y simplificada del paisaje, es decir, un mapa. Este mapa está deliberadamente organizado, resumido y diseñado para hacer comprensibles ciertos conceptos. Contiene solo aquellas partes de tu campo de conocimiento que son relevantes para tu estudiante, en este momento, en su etapa de aprendizaje y desarrollo. Sí, un mapa está simplificado, pero debería ser una representación precisa del paisaje. Aunque se pueden omitir algunos detalles, el estudiante no debe descubrir más adelante que secciones enteras están simplemente mal.

Vale la pena detenerse en esta idea de mapa versus territorio simplemente porque se pueden evitar muchos malentendidos y confusión cuando un maestro aborda su tarea de manera metódica y clara. Una técnica de estudio probada es practicar «enseñar» el nuevo material a otra persona o dar un pequeño discurso o presentación sobre el material que acaba de leer. De manera similar, muchas personas dicen que si no puedes explicar un proyecto o una idea a un no experto o incluso a un niño de diez años, entonces no entiendes *realmente* los conceptos por ti mismo, sin importar qué tan experto seas.

¡Nada revelará lagunas en tu propio conocimiento como intentar enseñar a otra persona! O más bien, tratar de enseñar te mostrará si tú mismo estás trabajando con mapas o modelos inconsistentes o incompletos. Como maestro, es simplemente innegociable: no se puede guiar a un novato a través de un territorio inexplorado si tú mismo no estás seguro de cómo es el terreno. Los mejores profesores trazan un curso a través de un paisaje nuevo y complejo antes de partir, y saben dónde está el destino final incluso cuando el alumno no lo sabe.

¿Cómo construimos buenos mapas para nuestros estudiantes? Se puede pensar en un mapa (o modelo mental) como una serie de *conexiones*. Cuando podemos poner ideas, conceptos, eventos o teorías aisladas en un panorama más amplio y vincularlos, comenzamos a tener una visión más amplia, más organizada y coherente. Podemos establecer conexiones en el tiempo, vinculando lo que aprendemos ahora con lo que ya hemos aprendido en el pasado, o podemos hacer conexiones vinculando todas las piezas de información separadas que tenemos entre sí, en el presente.

Conectando el conocimiento antiguo con el nuevo

Lo maravilloso de la enseñanza es que nunca se empieza realmente «desde cero». Todo el mundo tiene al menos algún conocimiento preexistente sobre el que puede basarse, y eso te incluye a ti como profesor. Conectar el conocimiento antiguo con el nuevo tiene dos funciones: permite que las personas comprendan y retengan mejor la nueva información, pero también te brinda la oportunidad, como profesor, de evaluar exactamente dónde está tu estudiante y si hay alguna brecha en su comprensión actual.

Un mapa físico solo es útil para ti si sabes dónde te encuentras actualmente en él y, de la misma manera, no puedes diseñar una ruta para tu estudiante a menos que sepas la posición desde la que partes. Una forma natural de determinar esto es a través de preguntas simples para medir el conocimiento de tu estudiante. ¿Qué sabe y entiende ya? ¿Cómo imagina su camino y su objetivo final? ¿Cuál considera su necesidad más importante y por qué?

Imaginemos un ejemplo en el que intentas ayudar a tu hermano menor con sus tareas de física. Antes de que puedas hacer algo, debes comprender dónde está su duda. Si puedes hacer esto de manera sistemática, al mismo tiempo construirás un plan de lecciones en el futuro. Por ejemplo, podrías conseguir una hoja de papel y dibujar literalmente un mapa mental del material con el que tu hermano tiene problemas.

En el centro del mapa mental, puede escribir «capítulo 9» o «magnetismo» y luego dibujar ramas para indicar los diferentes aspectos de este tema que deben entenderse e integrarse. Si es posible, dibuja vínculos entre temas para indicar que están conectados. Una vez que hayas esbozado un mapa mental, puedes comenzar a ver las lagunas. Puedes pedirle a tu hermano que califique el aspecto más difícil y desafiante, así como decirte qué partes son relativamente más fáciles y qué partes comprende bien.

Con solo hacer esto, ya estás comenzando a iluminar un camino para ti. ¿Puedes *trazar un camino desde lo conocido hasta lo desconocido* y ver una manera de dar pequeños pasos de uno a otro? Puedes notar que faltan por completo ciertos conceptos del capítulo anterior sobre electricidad, y es esta falta de comprensión lo que dificulta que tu estudiante comprenda ciertos aspectos del tema actual.

Muchas personas no se preocupan por los mapas mentales porque parecen simples y sin sentido. Pero su sencillez es su fuerza. A veces, realmente no puedes ver una conexión o un enlace hasta que literalmente lo escribes en un papel. No solo incluyas lo que se debe aprender en el mapa, sino que también incluye lo que ya se aprendió. Esto no solo te ayuda a ver lo que debe ser fortalecido y reforzado, sino que te permite comenzar a organizar tu plan para hacerlo.

Al interrogar brevemente a tu hermano y escuchar su valoración sobre lo que le parece difícil, comienzas a comprender que parte de su dificultad para captar el magnetismo es su conocimiento incompleto sobre la carga eléctrica, que a su vez se debe a que no comprende correctamente la estructura atómica, es decir, la relación entre los electrones de un átomo y su carga total.

Sabiendo esto, tienes una hoja de ruta planeada: comienza reforzando la comprensión de la estructura atómica, pasa a la carga eléctrica, luego aborda los problemas que tiene con el magnetismo uno por uno, comenzando con los que ya comprende un poco, luego avanzando gradualmente al más desafiante.

Este mapa ayuda a ambos: él logra resolver los problemas de una manera más manejable, y tú puedes organizarte y mantenerte lo suficientemente concentrado para seguir guiándolo hacia el destino final. Es genial tanto para el profesor como para el alumno ver que el conocimiento o la habilidad que abordan es finito en tamaño y exactamente donde encaja en el esquema más amplio de las cosas. Los estudiantes a menudo pueden darse por vencidos exactamente por esta razón: no saben lo que no saben y no pueden relacionar de manera significativa ningún ejercicio o explicación con el panorama general, por lo que parece inútil.

A lo largo de este proceso, los conocimientos antiguos se utilizan para respaldar y orientar los nuevos conocimientos. Siempre comienza preguntando, «¿qué sabemos ya?» y programa tu camino desde ese punto. Una vez que estés al tanto de lo que tus alumnos ya saben (los mapas mentales son una de las muchas formas de ayudarte con esto), puedes usar sus conocimientos preexistentes para enseñarles de muchas maneras efectivas. Una de esas formas es problematizar lo que tus estudiantes ya creen. Cuando se hace correctamente, esta es fácilmente la mejor manera de llamar la atención, fomentar la curiosidad y motivar a los estudiantes a aprender más sobre algo que han descubierto que no saben tan bien como pensaban.

Así es como se ve esto en la práctica. Imagina que estás impartiendo un curso sobre naciones y nacionalismo. El primer día, les pides a tus estudiantes que hagan breves comentarios de lo que creen que es una nación. Para la siguiente clase, tomas algunas de las respuestas más comunes y pides a algunos de los estudiantes que las dieron que expliquen sus pensamientos. Luego, señalas el problema con su explicación. Esto no significa decirles que están equivocados, sino solo que debes exponer las lagunas en sus conocimientos.

Por ejemplo, un estudiante podría decir que una nación es solo un grupo de personas que viven en algún lugar. Pregúntale si podría establecerse en algún lugar con un par de amigos y llamar a esa zona una nación. Otro estudiante podría decir que es un colectivo de personas con la misma etnia. Puedes señalar que muchas naciones tienen varias etnias en aproximadamente la misma proporción. Ten en cuenta que no estás diciendo que ninguna de estas dos definiciones sea incorrecta. De hecho, son ciertas en el sentido de que las naciones están formadas por personas que viven juntas en un espacio determinado, por lo general, que tienen la misma etnia. Pero al mostrar que estas definiciones están incompletas, empujas a los estudiantes a aclarar sus conocimientos preexistentes y agregarlos de manera matizada.

La técnica Feynman

La capacidad de hacerte preguntas a medida que aprendes y a medida que pasas de lo conocido a lo desconocido, es una parte clave de la metacognición o del pensamiento sobre el pensamiento. El «interrogatorio elaborado» es solo un método para hacerse preguntas que se centra en ver la imagen completa detrás de un fragmento de información.

La Técnica Feynman, llamada así por el famoso físico Richard Feynman, es otra forma de discutir contigo mismo. La técnica de Feynman es un modelo mental que fue acuñado por el físico Richard Feynman, ganador del premio Nobel. Conocido como el «Gran explicador», Feynman fue reverenciado por su capacidad de ilustrar con claridad temas densos como la física cuántica para prácticamente cualquier persona. En «La conferencia perdida de Feynman: el movimiento de los planetas alrededor del sol», David Goodstein escribe que Feynman se enorgullecía de poder explicar las ideas más complejas en los términos más simples. Surgió de sus propias técnicas de estudio como estudiante en la Universidad de Princeton, y perfeccionó el método como profesor y profesor de física.

Este método también permite medir tu comprensión de un tema determinado. Si se lleva a cabo correctamente, la técnica de Feynman demostrará si realmente comprendes un tema o si has pasado por alto ciertos conceptos importantes. También es adecuado para casi todos los temas imaginables, lo que te permite ver las lagunas en tu conocimiento que deben corregirse.

Es incluso más simple que la «cadena de por qué» utilizada por los niños.

La técnica de Feynman ayuda a ver lo que *no puedes* contestar; esa es la información que proporciona. Todo lo que tienes que hacer es responder honestamente a las preguntas que te estás haciendo y rápidamente identificarás dónde debes enfocar tu atención. Tiene cuatro pasos.

Paso uno: elige tu concepto.

La técnica de Feynman es de amplia aplicación, así que elijamos un concepto que podamos utilizar en esta sección: la *gravedad*. Supongamos que queremos entender los conceptos básicos sobre la gravedad o explicárselo a otra persona. O queremos ver qué nivel de comprensión tenemos sobre la gravedad.

Paso dos: escribe una sencilla explicación del concepto.

¿Puedes hacerlo? Cuanto más simple y breve sea la explicación, más difícil será hacerlo. Este es el paso verdaderamente importante porque mostrará exactamente lo que haces y lo que no entiendes sobre el concepto de gravedad. Si puedes resumir la información o un tema en dos oraciones de una manera que un niño de cinco años pueda entenderlo, probablemente tengas cierto nivel de dominio. Si no, acabas de encontrar una grieta en tu armadura.

Volviendo al concepto que estamos usando, ¿cómo definirías la gravedad? ¿Sería algo sobre sentirse atraído por grandes masas? ¿Sería algo que nos haría caer? ¿O se trataría de cómo se formó nuestro planeta?

¿Puedes hacerlo, o recurrirás a decir: «Bueno, ya sabes... es la gravedad...?».

Es posible que puedas explicar qué sucede con los objetos que están sujetos a la gravedad y qué sucede cuando hay gravedad cero. También podrías explicar las causas de la gravedad. Pero todo lo que sucede entre medio puede ser algo que asumes que sabe, pero omites aprender continuamente.

¿Dónde empieza a desmoronarse tu explicación? Si no puedes realizar este paso, es evidente que no sabes tanto sobre el tema como creías, y sería terrible explicárselo a otra persona. Lo mismo ocurre si tus explicaciones son largas y ambiguas. Casualmente, esta es la razón por la que enseñar una habilidad o información a otros es una herramienta tan poderosa para tu propio aprendizaje. Te obliga a volver a examinar lo que sabes y ponerlo todo de una manera que permita a otra persona tener también una completa comprensión.

Paso tres: Encuentra tus puntos ciegos.

Si no pudiste encontrar una breve descripción de la gravedad en el paso anterior, entonces está claro que tienes grandes lagunas en tus conocimientos. Este paso te implora que investigues la gravedad y aprendas lo suficiente para poder describirla de una manera sencilla. Podrías pensar en algo como «La fuerza que hace que los objetos más grandes atraigan objetos más pequeños debido a su peso y masa». Sea lo que sea que no puedas explicar, este es un punto ciego que debes rectificar.

Ser capaz de analizar información y desglosarla de forma sencilla demuestra conocimiento y comprensión. Si no puedes resumirlo en una oración, o al menos de una manera breve y concisa, todavía tienes puntos ciegos sobre los que debes aprender. Este es un aspecto no negociable de la técnica.

Te animo a que te tomes un segundo y pruebes esto ahora mismo. ¿Qué concepto aparentemente simple puedes intentar explicar? ¿Realmente puedes hacerlo o revela una falta de comprensión en algún lugar del proceso?

Por ejemplo, ¿por qué el cielo es azul? ¿Cómo funcionan los controles remotos de televisión? ¿Cómo aparece un rayo? ¿De qué están hechas las nubes? ¿Qué es la digestión? Estas pueden ser preguntas que puedes responder a nivel superficial, pero ¿luego qué?

Paso cuatro: usa una analogía.

Finalmente, crea una analogía para el concepto. ¿Cuál es el propósito de este paso? Es una extensión del paso tres. Hacer analogías entre conceptos requiere una comprensión profunda de los rasgos y características principales de cada uno, e incluso puede transferir esa comprensión a diferentes contextos. Puedes verlo como la verdadera prueba de tu comprensión y si todavía posees puntos ciegos en tu conocimiento.

¿Cuál sería una analogía de la gravedad? La gravedad es como cuando pones el pie en un charco y las hojas de la superficie del agua se sienten atraídas por él debido a una atracción invisible hacia la masa de tu pie. Esa atracción es la gravedad.

Este paso también conecta información nueva con información antigua y te permite aprovechar un modelo mental funcional para comprender o explicar con mayor profundidad. Por supuesto, es poco probable que puedas realizar el paso cuatro si no puedes realizar los pasos dos y tres, pero a veces puedes completar los pasos dos y tres y descubrir que no puedes dominar el paso cuatro. Ahora comprendes los límites de tu conocimiento.

La técnica de Feynman es una forma rápida de descubrir lo que sabes frente a lo que crees que sabe, y te permite solidificar tu base de conocimientos. Cuando sigues explicándote y simplificándote y descubres que no puedes, acabas de descubrir que no sabes tanto como pensabas.

Generando un mapa conceptual

No es necesario concentrarse demasiado en dibujar un «mapa mental» literal cuando se trata de comprender tus puntos ciegos cognitivos. La forma en que organices visual y conceptualmente el material dependerá naturalmente del tema en cuestión, y es posible que un mapa mental no siempre sea la mejor opción. Pero es casi seguro que tu tema se puede dividir en subunidades más pequeñas y simples que se conectan significativamente entre sí.

¿Puedes pensar en categorías o incluso pasos en una secuencia que te ayude a presentar la información de una manera más organizada? ¿Puedes ver el tema a través de diferentes lentes o según diferentes capas o modelos? ¿Cuáles son los conceptos simples que deben aplicarse para comprender la idea más grande y compleja?

Si estuvieras enseñando la fotosíntesis, por ejemplo, podrías notar que para comprender el proceso necesitarías tanto una buena comprensión de los procesos químicos involucrados, como también las estructuras fisiológicas dentro de la célula donde estos procesos ocurren. Por último, necesitarías una forma de unir estos dos aspectos diferentes. Tu mapa o esquema puede incluir una tabla que muestre claramente qué proceso ocurre, en qué orden y en qué parte exacta de la celda. Esto no solo organiza tus esfuerzos, sino que al final te dejará un resumen útil para que tu alumno estudie.

Sin embargo, si le estuvieras enseñando a alguien cómo construir un ramo de boda desde cero, tu enfoque sería obviamente diferente. El hecho de que algunas habilidades y conocimientos no sean lo que normalmente consideramos académicos, no significa que no puedan beneficiarse del lápiz, el papel y un enfoque metódico. Puedes sentarse con tu alumno y construir juntos un mapa mental que describa primero tu objetivo general y luego dividir los elementos en una secuencia lógica. Comienza por delinear el «esqueleto» del ramo, luego completa con tipos de hojas que contrasten, luego agrega flores de soporte más pequeñas en un patrón de zigzag, luego introduce flores decorativas, etc.

Lo importante es que tu mapa muestre claramente *conexiones* o relaciones entre diferentes subunidades. Esto es lo que le permite a tu estudiante unirlo todo en un conjunto unificado. No existen fórmulas o reglas estándar para «mapas» eficaces cuando se trata de la enseñanza, ya que las posibilidades de lo que se puede enseñar son infinitas y cada una de ellas es única. Sin embargo, pregúntate lo siguiente la próxima vez que te estés preparando para enseñar a alguien y quieras ser minucioso y metódico:

- ¿Has desglosado la nueva información en pequeños fragmentos genuinamente manejables? ¿O podrías separarlo más?
- ¿Has mostrado las conexiones y relaciones entre estos fragmentos? Por ejemplo, ¿has ilustrado la jerarquía entre ellos?

- ¿Estás siendo lo más claro y simple posible?
- ¿Tu mapa realmente va a algún lugar específico, es decir, tiene un punto final fijo en mente?
- ¿Puedes ver cómo se relaciona cada una de las subunidades con este punto final?
- ¿Hay alguna brecha en el plan, en otras palabras, has hecho suposiciones sobre lo que tu estudiante ya sabe?
- ¿Has incluido lo que tu alumno ya sabe y estás estableciendo vínculos entre eso y el material que aún no comprende?

Si le pides al estudiante que genere este tipo de mapa por sí mismo, no solo se concentrará en las áreas en las que debe enfocarse, sino que te dará una orientación cuando se trate de evaluarlo. Tratar de construir el mapa puede ser una experiencia de aprendizaje en sí misma, y puedes comenzar a enseñar mientras corriges y ajustas el mapa. Después de todo, muchos estudiantes tienen problemas no con el material en sí, sino con la *forma* en que sus piezas aisladas de información encajan como un todo.

Un mapa conceptual es invaluable. Puedes usarlo para que el estudiante haga y pruebe su propia hipótesis, o para hacer predicciones, es decir, el mapa puede ayudarlo a estructurar y dirigir su investigación en el futuro. El mapa sirve para solidificar la comprensión y fortalecer las habilidades. Si el tema no es práctico, tu estudiante aún puede realizar experimentos mentales o hacer preguntas hipotéticas; reconocerás esto como una variación del enfoque basado en la investigación, donde el estudiante usa el mapa para generar su propia pregunta, su propia respuesta y sus propios medios para llegar a esa respuesta.

Por ejemplo, podrías estar enseñando a alguien a soldar. Una parte de tu mapa podría incluir detalles sobre de qué está hecha la soldadura y por qué. Al observar esto, el estudiante podría hacer una predicción: alterar la composición de la soldadura podría cambiar su punto de fusión, lo que afectaría la forma en que podría usarse. El alumno podría probar esto por sí mismo y ver qué sucede, y si sigue sucediendo en diferentes materiales base. Al hacerlo, el estudiante se está enseñando a sí mismo sobre la relación entre la composición, el punto de fusión y las propiedades de la soldadura.

Esta es la razón por la que el aprendizaje integrado o contextual es a menudo tan efectivo, porque nos permite establecer conexiones significativas entre piezas sueltas de información rápida y fácilmente. No solo *sabemos* algo, lo *entendemos*, de adentro hacia afuera. La próxima vez que un estudiante de este tipo se enfrente a una soldadura deficiente, por ejemplo, podrá diagnosticar con mayor precisión el problema o incluso predecir su composición en función de su apariencia. En esencia, ha internalizado su propio mapa mental y puede usarlo él mismo para explorar el tema, sin un maestro. Esto nos lleva claramente a otro aspecto importante de la creación de vínculos que ayuden a la comprensión: la capacidad de hacer analogías.

Sacar el máximo de las analogías

Además de usar diferentes tipos de analogías para mejorar la retención de los materiales de aprendizaje, existen algunos consejos respaldados por la ciencia que puedes emplear para mejorar aún más la productividad de estas analogías para tus estudios. Estos son:

1) Usa múltiples analogías para el mismo tema

Esto es evidente, pero el uso de diferentes tipos de analogías en tu aprendizaje garantizará que hayas captado tu contenido más allá de una comprensión superficial. Dado que las analogías te obligan a realizar transferencias mentalmente, desafían tu comprensión de los conceptos clave de diferentes maneras según el tipo que utilices. Por lo general, es una buena idea utilizar tantos como sea posible que parezcan relevantes para tu tema.

Por ejemplo, digamos que estás aprendiendo sobre la teoría del liberalismo. El primer tipo de analogía que puedes utilizar es Antónimo. Si pensamos en el calor y el frío como opuestos, ¿cuál sería un antónimo similar para el liberalismo? Esto podría ser comunismo o conservadurismo. A continuación, podemos utilizar Ejemplo/Tipo de analogías. El liberalismo es un tipo de ideología política, de la misma forma que los iPhone son un tipo de teléfono inteligente.

Un tercer tipo de analogía que podemos intentar es Cosa/Característica. ¿Cuál es una característica del liberalismo similar al volumen auditivo como característica de los hablantes? Una respuesta son los derechos humanos. Asimismo, puedes utilizar múltiples analogías para tus propios conceptos y temas.

2) Utiliza ejemplos para reafirmar constantemente tu aprendizaje.

Esta idea se ha derivado de los estudios de Daniel Schwartz y John Bransford. El uso de ejemplos es importante porque ayuda a los principiantes a aprender a través de su propio conocimiento del contenido de esos ejemplos. Los expertos pueden omitir ejemplos porque ya están muy al tanto del tema. Pero, en la mayoría de los casos, los ejemplos ayudan a dar sentido a ideas complejas y te proporcionan herramientas para recordarlas de manera más eficiente.

Si estás estudiando sistemas éticos, toma nota de las diferentes situaciones en las que se aplican. ¿Deberías mentirle a tu amigo cuando no quieres hablar con él diciéndole que estás ocupado? ¿Por qué sí o por qué no? Si tienes que dividir un pastel entre tres personas, ¿cuál sería la forma más justa de hacerlo? Ejemplos como estos animan tu estudio, ya que hacen que el contenido complicado sea mucho más realista y relevante para el mundo que te rodea.

3) Recuerda el propósito de la analogía.

A menudo es fácil usar analogías para comprender mecánicamente conceptos particulares, sin embargo, olvida por qué la analogía es apropiada en primer lugar. Por ejemplo, si a un estudiante se le pregunta qué es la mitocondria, dice que «es la fuente de energía de la célula», ya que es una analogía estándar en los libros de texto de biología. Sin embargo, muchos recuerdan la comparación sin comprender qué significa que las mitocondrias sean la fuente de energía de una célula.

Una forma de evitar este problema es enmarcar tus analogías de manera que indiquen claramente el propósito o la función de la comparación. En el caso de las mitocondrias, considera qué función tendría que cumplir para ser una «fuente de energía» para la célula. Tendría que proporcionar energía a la célula, lo que se conoce con más precisión como energía.

Otra cosa que puedes hacer es enumerar algunos inconvenientes de la analogía. «Fuente de energía» puede implicar que simplemente almacena energía, pero de hecho las mitocondrias son responsables de extraer, procesar y liberar energía a las células. No es suficiente simplemente recordar la analogía; también debes saber por qué es apropiado usarla, y estas son algunas formas de hacerlo.

4) Reserva las analogías para conceptos más difíciles

Si bien puede resultar tentador utilizar analogías a lo largo de tus estudios, es aconsejable reservar su uso para ideas más complejas. Los estudiantes a menudo encuentran que el uso de analogías para conceptos e información más fáciles puede causar confusión mental y desorden.

Cuando algo es fácilmente comprensible, no es necesario desglosarlo más para una mejor retención. Concentra tu energía en conceptos más difíciles, especialmente porque utilizarás múltiples analogías para el mismo concepto.

Haz una lista de todas las que usas, enumera algunos inconvenientes de cada una y usa señales visuales si es posible. Utilizar señales visuales y basadas en texto es una buena manera de mejorar la retención y la comprensión de acuerdo con la teoría del aprendizaje multimedia. Utiliza también comparaciones apropiadas para tu analogía en el lado izquierdo del formato de analogía académica. Esto hará que la relación entre los componentes principales de tu analogía sea más clara sin requerir demasiada relectura.

Pensamiento analógico

Profundicemos un poco más en un tipo específico de pensamiento analógico.

¿Cómo explicarías un nuevo negocio a alguien que no tiene ni idea sobre el tema? «Es como el Uber de X, excepto A, B y C».

Cuando buscamos hacernos entender, a menudo usamos analogías, estas brindan comprensión y contexto de forma instantánea, porque nuestros pensamientos pueden enfocarse en un concepto singular y luego lentamente comienzan a diferenciarse hasta la comprensión.

Y, por supuesto, vincular nuevos conceptos e información a través de la analogía es otro gran método para consolidar el aprendizaje en el conjunto de conocimientos. A pesar de nuestras tendencias naturales, las analogías se subestiman y se pasan por alto como partes importantes de la cognición humana. En contraste con esta presunción, algunos neurocientíficos, como el profesor Douglas Hofstadter de la Universidad de Indiana, afirman que las analogías son la base de todo pensamiento humano.

Su razonamiento es que las analogías nos permiten comprender las categorías, y las categorías son la forma en que distinguimos la información y los conceptos entre sí. Es nuestra capacidad para identificar semejanzas, una forma de hacer analogías, lo que nos permite discernir similitudes y, por lo tanto, categorizar objetos de diferentes maneras.

Esto es fácil de ver si consideras cómo categorizamos a los animales. Para un ojo inexperto, un perro y un gato pueden parecer claramente similares. Ambos tienen pelaje, cuatro patas y cola, pero sus rostros, dietas, comportamiento y herencia evolutiva diferentes nos permiten diferenciarlos. Son animales comparables, análogos entre sí, pero son más análogos a su propia especie, y eso es lo que nos permite ubicarlos en sus respectivas categorías de perro o gato. Pero todo lo que eso significa es que nunca usaríamos perros para describir a los gatos, o viceversa.

Las ideas aún más complejas y de orden superior se forman al hacer analogías. Considera el grupo más abstracto de mamíferos. Este grupo compara a los perros con los gatos mientras los considera similares, pero también incluye animales tan diversos como el ornitorrinco, el delfín y la zarigüeya. Nadie miraría a un delfín y creería que es similar a un gato doméstico, pero la ciencia es muy clara. Lactar, tener pelo o pelaje y ser de sangre caliente son los únicos criterios que deben cumplirse para incluir a las criaturas en el grupo de los mamíferos. Si comparten esas características, son mamíferos.

Agrupar esos criterios nos permite formar la idea de orden superior de mamífero, lo que nos permite discernir qué criaturas se ajustan a los requisitos. Este grupo de criterios que simplificamos en la palabra *mamífero* es lo que nos permite ver a los delfines y los ornitorrincos como análogos entre sí.

Nuestro entendimiento, y por lo tanto las analogías que usamos para describir el mundo, evolucionan a medida que envejecemos y estamos expuestos a ideas en nuestras vidas y culturas. Pero no importa lo que aprendamos, debe filtrarse a través de un cerebro que categorice, y así comprenda, el mundo formando analogías y discerniendo diferencias entre objetos e ideas. Cuando distinguimos conscientemente diferentes elementos y creamos analogías mientras aprendemos nueva información, aceleramos el proceso de integración de nuestro nuevo conocimiento en nuestras mentes.

Ahora que hemos cubierto el papel cognitivo general y la importancia de la analogía, ¿cómo podemos usarla para auto aprender y entender de manera más efectiva? Como mencionamos, las analogías brindan un contexto instantáneo, un modelo mental para la información que estás mirando, y luego te queda diferenciar lentamente y desarrollar los detalles.

Por ejemplo, antes mencionamos que las nuevas empresas se describen con frecuencia como «el Uber de X». Uber es una empresa de viajes compartidos que funciona llamando a los conductores que no son taxistas para ayudarte a transportarte usando sus propios vehículos personales. Por lo tanto, cualquier cosa que se describa como «el Uber de X» estaría implícito en involucrar a personas con sus propios vehículos, entregando o conduciendo personas o cosas. Bien, ahora tenemos una imagen mental, una buena idea de lo que está involucrado, cuál es el propósito y cómo funciona.

Ahora viene la parte importante del aprendizaje: ¿cómo diferencias este nuevo negocio del propio Uber? ¿Qué matices lo convierten en algo más que un clon de Uber? Bueno, este elemento, así como con lo que estás comparando el nuevo negocio, depende de ti articular. Cuando tomas una nueva información e intencionalmente encuentras una manera de crear una analogía con ella, estás (1) encontrando un modelo similar de información que requiere comprensión suficiente para comparar y contrastar dos conceptos, y (2) comprendes mejor los dos modelos lo suficientemente bien como para establecer en qué se diferencian. Ahí es donde se produce la síntesis de aprendizaje más profunda.

Por ejemplo, ¿qué pasaría si quisieras crear una analogía en torno al aprendizaje de los pasos necesarios para crear una nueva legislación? Sigue los dos pasos anteriores. Primero encontrarías una información existente y familiar recordándote el proceso para la nueva legislación. Busca en tu memoria algo similar; este tipo de análisis de factores mayores y menores es útil para tu aprendizaje.

A continuación, ¿en qué se diferencian? Aquí es donde puedes demostrar claramente la diferencia entre conceptos, basándote en una comprensión profunda. Elige pequeños detalles y observa cómo parecen similares, pero provienen de motivaciones totalmente diferentes. Documenta lo que todo esto significa para la nueva legislación.

Esto es mucho más que un ejercicio mental de comparar dos conceptos diferentes: es combinar información antigua con nueva y obligarlos a interactuar para lograr una mayor comprensión y memorización.

Aportes

- Los buenos maestros saben cómo «ver el panorama» que tienen por delante, y su comprensión del campo del aprendizaje les permite establecer metas y parámetros, priorizar y enmarcar tareas y medir la comprensión actual de sus alumnos.

- Los mapas conceptuales son modelos simplificados de material más complejo que aclaran las conexiones entre diferentes ideas. Tanto el alumno como el profesor pueden dibujar mapas conceptuales para medir las lagunas de conocimiento, planificar lecciones, aprender esas lecciones y evaluar la eficacia de ese aprendizaje.

- Los mapas conceptuales consisten en fragmentos simplificados o piezas de información organizadas para resaltar las relaciones o conexiones entre ellos. Un buen mapa conceptual es relevante, simple, preciso y se basa en los modelos y conocimientos mentales existentes.

- Una vez que hayas identificado lo que tu estudiante ya sabe, el siguiente paso es planificar cómo utilizarlo. En algunos casos, esto será fácil ya que solo tienes que enseñarles ciertos

conceptos que les ayudarán a comprender el tema que querías enseñarles en primer lugar. Sin embargo, también puedes combinar el uso de mapas basados en conceptos con un enfoque basado en la indagación y problematizar lo que los estudiantes ya saben para que estén más curiosos y ansiosos por aprender más.
- La técnica de Feynman es una técnica de «imagen más amplia» que permite tanto al maestro como al alumno identificar sus propios puntos ciegos mentales. Primero, identifica el concepto en cuestión, luego escribe una explicación de la forma más sencilla posible, luego identifica las áreas donde la explicación falla o donde faltan datos. Luego, usa el poder de la analogía para llenar los vacíos, es decir, usa modelos mentales preexistentes para comprender mejor el material nuevo.
- Las analogías pueden ayudar al aprendizaje porque conectan el conocimiento antiguo con el nuevo.

Las analogías pueden ser antónimos, tipos o características, cada una de las cuales expresa las cualidades de un nuevo concepto en términos de conceptos ya entendidos. Las analogías son mejores cuando se utilizan tantas como sea posible y fomentan el pensamiento abstracto de orden superior.

Capítulo 3. Elementos básicos

Los capítulos anteriores han cubierto los principios básicos y los enfoques teóricos que debes adoptar al emprender la tarea de convertirte en el mejor maestro posible. Pero es posible que hayas leído todo esto y te hayas preguntado cómo es realmente en la práctica. En este capítulo, profundizaremos en los aspectos más prácticos de la enseñanza y examinaremos algunos métodos y técnicas populares para aplicar la filosofía que ya describimos. Así que, mientras lees, ten en cuenta que la técnica es muy parecida, ya seas profesor, alumno o un poco de ambos.

Básicamente, estás mirando el mismo proceso desde dos lados diferentes: maestro y alumno; cuanto más comprendas acerca de estas dos perspectivas diferentes, más enriquecido estarás, ya sea que estés tratando de aprender sobre XYZ o ayudando a otra persona a conocerlo. De hecho, esta es la razón por la que muchos programas de formación docente hacen que los docentes en formación asuman deliberadamente el papel de estudiante como un ejercicio, para que puedan comprender mejor el «otro lado» y cruzar la brecha de manera más eficaz. Ahora, vamos a adentrarnos en el tema.

El método SQ3R

Para la gran mayoría de las materias escolares, los libros de texto son el centro del programa de estudio junto con las conferencias y los debates. El plan de lecciones completo de un maestro típico para un año generalmente se basa en la estructura y secuencia de al menos un libro de texto. Estos volúmenes son, en la mayoría de los casos, tremendamente grandes. Multiplica un libro grande por la cantidad de clases que un estudiante tiene en un semestre determinado y tendrás una mochila con un sobrepeso preocupante, casi tan pesada como las expectativas de sus maestros de que lean todas y cada una de las páginas de esos libros.

Los libros de texto son densos, detallados, con muchas anotaciones y largos. Es fácil evocar la imagen de un estudiante a altas horas de la noche, pasando por alto la página 349 de un volumen gigante, cansado e incapaz de recordar las palabras que está leyendo a la mañana siguiente.

Es por eso que el educador estadounidense Francis P. Robinson desarrolló un método destinado a ayudar a los estudiantes a obtener la mayor comprensión de los textos que se les asignan y, por lo tanto, de la materia que están estudiando. Robinson buscó una manera de hacer que la lectura fuera más activa, ayudando a los lectores creando un compromiso dinámico con los libros para que la información se quedara en sus mentes.

El entorno tradicional de lectura y regurgitación del aula no es ciertamente el más eficaz, pero es el único modelo que la mayoría de nosotros conoce. El enfoque más atractivo de Robinson es adecuado para más que solo leer: todo su plan de estudio puede modelarse según el método de Robinson y adaptarse a su autoaprendizaje.

La técnica se llama Método SQ3R y consta de cinco componentes:

- encuesta
- pregunta
- leer
- recitar
- revisar

Encuesta. El primer paso del método es obtener una descripción general de lo que leerás. Los libros de texto y las obras de no ficción no son como la ficción o la literatura narrativa en la que simplemente comienzas desde el principio y avanzas a lo largo de cada capítulo. Las mejores obras de no ficción están organizadas para impartir información de una manera clara y memorable y se basa en cada capítulo anterior. Si te adentras sin realizar un levantamiento primero, te estás quedando ciego, sin comprender hacia dónde te diriges y qué estás tratando de lograr. Primero debes obtener una visión general, *antes* de profundizar en el Capítulo 1. El componente de la encuesta te permite obtener la introducción más general al tema para que puedas establecer y dar forma a los objetivos que deseas lograr al leer el libro.

Es como echar un vistazo a todo el mapa antes de emprender un viaje por carretera. Es posible que no necesites todo el conocimiento en este momento, pero comprender todo como un conjunto y cómo encaja te ayudará con los pequeños detalles y cuando estés en las afueras. Sabrás que, por lo general, debes dirigirte hacia el suroeste si estás confundido.

En el método SQ3R, la topografía significa examinar la estructura del trabajo: el título del libro, la introducción o prefacio, títulos de las secciones, títulos de los capítulos, títulos y subtítulos. Si el libro está ilustrado con imágenes o gráficos, los revisarías. También puedes tomar nota de las convenciones que utiliza el libro para guiar tu lectura: tipos de letra, texto en negrita o cursiva, objetivos del capítulo y preguntas de estudio, si están ahí. Al usar el paso de la encuesta, estás estableciendo expectativas sobre lo que vas a leer y se está dando un marco inicial para estructurar tus objetivos para leer el material.

Por ejemplo, supongamos que estás leyendo un libro para aprender más sobre geología. Resulta que tengo uno llamado *Geology Illustrated* by John S. Shelton; tiene unos cincuenta años y ya no está impreso, pero va bien para nuestros propósitos.

Hay un prefacio que describe el contenido del libro y cómo están organizadas las ilustraciones. Hay una tabla de contenido inusualmente extensa, dividida en partes: «Materiales», «Estructura», «Escultura»,

«Tiempo», «Historias de casos» e «Implicaciones». Eso me dice que el libro iniciará con elementos geológicos concretos, seguirá hacia cómo se forman con el tiempo, sucesos importantes y lo que podríamos esperar en el futuro. Esa es una suposición bastante buena del libro.

Luego, cada parte se divide en capítulos, que se dividen a su vez en una tonelada de títulos y subtítulos, demasiados para mencionarlos aquí, pero brindan un resumen más matizado de lo que abarcará cada sección. Cuando realizas una encuesta y conoces la importancia de lo que estás aprendiendo actualmente, puedes comprenderlo mejor al instante. Es la diferencia entre mirar un solo engranaje de forma aislada y ver dónde y cómo funciona en un reloj complejo.

Más allá de los libros, debes examinar todos los conceptos importantes de una disciplina. Si no puedes encontrarlo dentro de una estructura como la tabla de contenido de un libro, entonces debes poder crearlo tú mismo. Sí, esta es la parte difícil, pero una vez que seas capaz de exponer todos los conceptos y comprender cómo se relacionan entre sí, al menos en un nivel superficial, ya estarás un paso por delante de los demás. Utiliza el componente de la encuesta para formar un resumen de lo que aprenderás. En cierto sentido, es más como si estuvieras tramando un «libro» metafórico para ti mismo.

Quieres formar un esquema general de lo que aprenderás. Dado que estás estudiando esto por tu cuenta, puede haber algunas lagunas en lo que crees que necesitarás saber. Por lo tanto, en esta fase, determinarás exactamente sobre qué deseas obtener conocimientos, de la manera más específica posible. Por ejemplo, si deseas aprender todo sobre psicología, eso llevará una cantidad significativa de tiempo. No sucederá de una sola vez. Quiero especificarlo un poco más: la historia temprana del psicoanálisis, los trabajos de Sigmund Freud y Carl Jung, psicología del deporte, psicología del desarrollo: las posibilidades son muchas.

Deberás estar atento a las frases o conceptos que aparecen en varias fuentes diferentes, ya que representan elementos que surgen con frecuencia en el campo elegido y pueden ser cosas que debes saber. Dibuja conexiones y relaciones de causa y efecto incluso antes de sumergirte en cualquiera de los conceptos en detalle.

Por ejemplo, supongamos que quieres estudiar la historia del cine europeo. Al escribir «historia del cine europeo» en Google, surgen muchas posibilidades interesantes, y algunas de ellas se pueden usar para formar el esquema que desees.

Puedes buscar materiales de lectura en Amazon y encontrar los que te parezcan más fidedignos. La base de datos de películas de Internet (IMDB) puede ayudarte a encontrar las películas europeas más importantes para ver. Puedes descubrir qué directores europeos son los más citados y parecen ser los más importantes e influyentes. Puedes investigar qué películas europeas están mejor calificadas y por qué. Puedes recopilar algunos recursos sobre qué países específicos tuvieron qué movimientos cinematográficos y por qué.

Luego, organizarás estos recursos. Se te ocurrirá un plan para estudiar cada uno, tal vez estudies un capítulo de un libro sobre la historia del cine europeo temprano, luego verás un par de películas que representen la época en la que te encuentres en este momento y luego harás una tarea de revisión de las películas. Concéntrate en reunir y organizar; no es necesario que toques estos recursos todavía. El aspecto importante es que has estudiado el tema antes de sumergirte y, por lo tanto, comprendes en qué te estás metiendo y por qué.

Pregunta. En la segunda etapa del método SQ3R, todavía no te sumerges en lo más profundo. Durante la etapa de preguntas, trabajarás un poco más profundamente para preparar tu mente más para concentrarte e interactuar con el material que estás leyendo. Observarás un poco más de cerca la estructura del libro y formularás algunas preguntas que te gustaría responder o establecerás los objetivos que deseas alcanzar.

En la fase de preguntas de leer un libro o, más precisamente en este punto, *prepararse para leer*, revisarías los títulos, encabezados y subtítulos de los capítulos y los reformularías en forma de pregunta. Esto convierte el título que el autor le ha dado en un desafío o problema para que tú lo resuelvas. Por ejemplo, si estás leyendo un libro sobre Freud, podría haber un capítulo llamado «Fundamentos de los análisis de los sueños de Freud». Volverías a escribir el título de este capítulo como «¿Cómo se originó el trabajo de Sigmund Freud sobre la interpretación de los sueños y cuáles fueron sus primeras ideas sobre el tema?». Podrías escribir esa pregunta en el margen de tu libro. Si estás leyendo un libro de texto con preguntas de estudio al final de los capítulos, estas sirven como guías excelentes para lo que estás a punto de descubrir.

En el libro de geología, me temo que no hay demasiados títulos de capítulos que puedas reformular como preguntas. («Meteorización», «Aguas subterráneas», «Glaciación», eso es todo). Pero hay títulos que podrían funcionar: «Algunos efectos del metamorfismo en rocas sedimentarias», por ejemplo, pueden convertirse en «¿Qué puede suceder con las rocas centradas en el fondo a través de eones de cambio ambiental?» No solo lo cambié por una pregunta, sino que parafraseé el título en una redacción que pudiera entenderse incluso antes de comenzar a leer.

Ahora que has organizado tus recursos para la planificación del estudio, puedes organizar algunos de los temas que cubrirás en preguntas que desees que se respondan o en objetivos que desees cumplir. Según el material de origen que has preparado y los patrones que podrías haber observado, ¿qué respuestas específicas esperas encontrar en tus estudios? Escríbelos. Este también es un buen momento para idear una estructura para responder a tus preguntas: ¿un diario, un cuestionario autoadministrado, algún tipo de «rastreador de conocimientos»? No es necesario que respondas las preguntas todavía; solo tienes que saber cómo las va a registrar cuando lo hagas.

En nuestro ejemplo de la historia del cine europeo, si has realizado la investigación más superficial en la fase de encuesta, sin duda te habrás encontrado con los nombres de algunos directores más de una vez: Federico Fellini, Jean-Luc Godard, Luis Buñuel, Fritz Lang, etc. Te imaginarás que son personas importantes a las que conocer, por lo que podrías hacer la pregunta: «¿Por qué Fellini fue tan influyente?» «¿Cuál fue el estilo de dirección de Buñuel?», «¿Qué temas persiguió Godard en su realización cinematográfica?». Es posible que te hayas encontrado con ciertos conceptos o temas que parecían comunes en el cine europeo: «Nueva ola francesa», «Segunda Guerra Mundial», «neorrealismo», por ejemplo. Anótalos como objetivos para tu estudio y organízalos en tu esquema.

Leer. En esta etapa, finalmente estás listo para sumergirte en el material. Debido a que te has familiarizado con el terreno y te has formado algunas preguntas y metas para tus estudios, estás un poco más comprometido cuando finalmente te sientas a leer. Estás buscando respuestas a las preguntas que has planteado. Otro aspecto subestimado de formular y organizar antes de comenzar a leer es generar *anticipación* para el aprendizaje. Has estado revisando todo por un tiempo y probablemente estarás ansioso por finalmente sumergirte y responder las preguntas que has estado acumulando mentalmente.

Este paso es donde la mayoría de las personas intentan comenzar, pero fracasan porque carecen de una base y, en cambio, tienen expectativas poco razonables.

Ahora estás siendo reflexivo y con ritmo en tu lectura para que puedas comprender mejor. Esto significa reducir la velocidad, *mucho*. Sé paciente con el material y contigo mismo. Si un pasaje es difícil de entender, léelo muy despacio. Si no tienes una sensación de claridad sobre una parte determinada, detente, vuelve al principio y léelo otra vez. No es como si estuvieras leyendo una novela apasionante que no puedas dejar de leer. Estás recibiendo información que podría ser muy densa, así que léela lenta y atentamente, una sección a la vez.

Lo más probable es que la lectura sea parte de tu plan de estudio, pero también puede ser material visual, cursos en línea y recursos de Internet. Úsalos exactamente de la forma en que usarías el libro en la fase de lectura: de manera deliberada y persistente, con el objetivo de comprender completamente cada concepto que se te está enseñando. Si te pierdes, recuerda que las teclas de retroceso y desplazamiento son tus mejores amigos. Planifica tu tiempo de estudio para obtener un nivel de comprensión lo más completo posible.

Con nuestro ejemplo de la historia del cine europeo, esto es obvio. Mira tus películas con ojo crítico. En ciertos puntos, es posible que desees rebobinar para captar imágenes visuales, diálogos o acciones que puedan ser relevantes. Si puedes ver un video con la pista de audio de un comentario del director, querrás pasar una tarde con eso. Verifica las películas con los libros que estás leyendo o los cursos en línea que estás tomando para responder cualquier pregunta o línea de pensamiento que puedas tener.

Recitar. Este paso es crucial para procesar la información que estás aprendiendo y es la mayor diferencia entre leer para aprender y leer para entretenerse. Ahora que estás familiarizado con el material, el objetivo de la fase de recitación es reorientar tu mente y atención para concentrarte y aprender más plenamente a medida que avanzas. En otras palabras, este paso se trata de una recitación literal.

Haz preguntas, en voz alta y verbalmente, sobre lo que estás leyendo. Este es también el punto en el que tomas muchas notas en los márgenes del texto y subrayas o resaltas puntos clave. La recitación es verbal y también a través de la escritura. Sin embargo, es importante reafirmar estos puntos *con tus propias palabras* en lugar de simplemente copiar frases del libro en una hoja de papel. Al hacer esto, estás tomando el nuevo conocimiento y expresándolo en frases cuyo significado ya conoces. Esto hace que la información sea más fácil de captar en un idioma que comprendas. Lo hace significativo y comprensible para ti.

Mi libro de geología tiene márgenes bastante amplios a los lados de las páginas, por lo que tengo un buen espacio para reformular y reescribir los puntos clave, así como resaltar conceptos importantes. Por ejemplo, considera el siguiente texto original:

> «Esta comparación sugiere que el lento progreso de la erosión en colinas y montañas es similar a los cambios mucho más rápidos y observables que se ven en miniatura a nuestro alrededor».

Podrías reescribir lo anterior de la siguiente manera:

> «Las montañas y colinas experimentan el mismo deterioro que ocurre en las tierras bajas y los ríos, solo que más lentamente. Similar a los jugadores de béisbol».

Lo que estoy haciendo aquí es poner un solo fragmento de información en dos frases distintas, una de las cuales tuve que inventar yo mismo. Esta es una herramienta enorme que se usa en la memorización y también es una excelente manera de hacer que la información sea más significativa para mí personalmente. También agregué un poco sobre el béisbol porque me gusta el béisbol, y hace que el concepto sea comprensible al instante. Este proceso, que se repite a lo largo de todo un libro, multiplica por sí mismo tu capacidad de aprendizaje.

La fase de recitación en la organización de tus estudios es excelente porque funciona en diferentes medios y hay muchas formas de expresar tus preguntas y repeticiones.

Volviendo a nuestro ejemplo del cine europeo, si estás viendo *El Séptimo sello* de Ingmar Bergman (resumen breve: el caballero medieval se encuentra con el ángel de la muerte, trata de ganar tiempo jugando al ajedrez con él), puedes escribir preguntas sobre sus referencias bíblicas, la dirección de arte, los referentes medievales o la cinematografía. También puedes escribir un resumen o hacer un video blog de la película y abordar las secuencias clave que son más relevantes para tus preguntas. También puedes compararlo con otras películas de Bergman o notar las similitudes que tiene su estilo con otros directores que estás estudiando. La parte importante es que te estás tomando el tiempo para reformular y recitar nuevos conocimientos y hacerlos significativos para ti y para nadie más.

Revisar. La etapa final del plan SQ3R es cuando repasas el material que has estudiado, te vuelves a familiarizar con los puntos más importantes y desarrollas tus habilidades para memorizar el material.

Robinson divide esta etapa en días específicos de la semana, pero solo mencionaremos algunas de las tácticas en general. Incluyen escribir más preguntas sobre las partes importantes que has resaltado, responder de forma oral algunas de las preguntas si puedes, revisar tus notas, crear tarjetas didácticas para conceptos y terminología importantes, reescribir la tabla de contenido con tus propias palabras y construir un mapa mental. Cualquier tipo de práctica que te ayude a profundizar, asimilar y memorizar información está bien (aunque las tarjetas didácticas son verdaderamente eficaces).

Este paso está destinado a fortalecer tu memoria del material, pero hace más que eso. Puede ayudarte a ver conexiones y similitudes entre diferentes aspectos que quizás no hayas captado al principio y poner conceptos e ideas en un contexto más amplio. También puede mejorar tus habilidades de organización mental para que puedas utilizar esta práctica para otros temas.

Piensa en este paso como la continuación natural del paso de la encuesta. En este punto, has obtenido una descripción general del campo, has entrado en el meollo de la cuestión y ahora debes dar un paso atrás, reevaluar y hacer conexiones actualizadas, más precisas y reveladoras. Combina eso con la memorización, y tu camino hacia el autoaprendizaje y la experiencia se convierte esencialmente en un atajo.

Mi libro de geología tiene muchísimos términos que podría poner en tarjetas:

«Monoclinal», «estratificación», «socavación glacial». También podría trazar el proceso de glaciación en un diagrama de flujo o en algún otro medio visual. Podría hacer una línea de tiempo de las edades de la tierra y vincularla con los cambios geológicos más significativos que tuvieron lugar durante cada era. También puedo anotar las preguntas que surgen y que el libro dejó sin respuesta o me hicieron querer investigar más a fondo.

Puedes utilizar la mayoría de los elementos de la fase de revisión del libro para planificar el estudio de la misma manera. En nuestro ejemplo de cine europeo, podría crear un catálogo o una base de datos para directores de cine europeos que describa su trabajo, sus temas principales o sus elecciones de estilo. Puedes elaborar tarjetas didácticas que te ayudarán a recordar las facetas importantes de diferentes variedades europeas: «neorrealismo», «giallo», «wester europeo» y «cinéma du look». Y, por supuesto, puedes llevar un diario de lo que has aprendido, ya sea de forma escrita o con alguna expresión visual.

El método SQ3R no es una broma. Es exhaustivo y detallado y requerirá paciencia y una gran organización para llevarlo a cabo. Pero si tienes la paciencia y la dedicación para tomar cada paso en serio y lentamente, te resultará increíblemente útil abordar un tema complejo. Y cada vez que lo haces, es un poco más fácil que la anterior.

Al explicar el método SQ3R, analizamos brevemente el papel de la organización y las notas y cómo impactan en el autoaprendizaje. Después de todo, no puedes organizar todo en tu cabeza solamente y esperar que sea efectivo. Cuando finalmente necesites escribir lo que has aprendido u organizado, existe un método específico para tomar notas que será más beneficioso.

Acatar el florecimiento

Otra herramienta útil se llama taxonomía de Bloom, creada por Benjamin Bloom en 1956 (aunque actualizada en 2001) como una forma de medir el rendimiento académico de los estudiantes universitarios.

Desde entonces, ha sido un elemento básico en las instituciones académicas como marco para la elaboración de lecciones que aseguren una comprensión completa en los estudiantes. Para nuestros propósitos, es una guía literal paso a paso de lo que es necesario para hacer avanzar tu comprensión.

La taxonomía de Bloom esencialmente establece que para el nivel más alto de comprensión del tema (es decir, experiencia), hay seis niveles secuenciales que debemos poder completar. La mayoría de las personas nunca pasarán de todos los niveles de la taxonomía, así que no seas víctima de ese destino. Los niveles de la taxonomía actual son, del más bajo al más alto nivel de comprensión, como sigue:

- Recordar. Recuperar, reconocer y recordar conocimientos relevantes de la memoria a largo plazo.
- Entender. Construir significado a partir de mensajes orales, escritos y gráficos mediante la interpretación,

ejemplificación, clasificación, resumen, inferencia, comparación y explicación.
- Solicitar. Realización o uso de un procedimiento de ejecución o implementación.
- Analizar. Dividir el material en partes constituyentes y determinar cómo las partes se relacionan entre sí y con una estructura o propósito general a través de la diferenciación, organización y atribución.
- Evaluar. Hacer juicios basados en criterios y estándares mediante verificación y crítica.
- Crear. Unir elementos para formar un todo coherente o funcional; reorganizar elementos en un nuevo patrón o estructura mediante la generación, planificación o producción.

Una vez que llegues al nivel superior de «crear», se puede considerar que tienes un conocimiento profundo de un tema. Sin embargo, sin avanzar a través de cada nivel de la taxonomía, no puedes realizar adecuadamente los siguientes niveles.

Vemos esto ilustrado en nuestras vidas todos los días cuando alguien que no tiene una comprensión adecuada de un tema busca evaluarlo y emitir un juicio sobre él. ¡Eso se debe a que no se siguió la taxonomía!

La taxonomía de Bloom es una herramienta particularmente útil para ayudar a guiar y dar forma a tu proceso de aprendizaje. Básicamente, la taxonomía es una lista de cómo desarrollar activamente la experiencia en un tema. Se centra en los procesos mentales que te permiten enmarcar la información y analizarla, cada verbo es una especie de herramienta mental para captar y manipular nuevos datos entrantes. El marco de Bloom es excelente porque es muy versátil y se puede usar literalmente en cualquier lugar. En el aula, en el trabajo o en el diseño de tus propios sistemas para lograr sus objetivos personales, esta taxonomía te ofrece una forma abreviada de trabajar.

Toda la taxonomía se basa en el proceso mental de aprendizaje, que en realidad se puede resumir bastante bien. Antes de que puedas **comprender** un concepto, debes **recordarlo**. Para **aplicar** un concepto, primero debes **entenderlo**. Para poder **evaluar** un proceso, debes haberlo **analizado**. Para **crear** una conclusión precisa, debes haber completado una **evaluación** exhaustiva. El desafío es la introspección y la comprensión de dónde te encuentra actualmente en la taxonomía, porque solo entonces puedes determinar con precisión lo que se requiere para avanzar en tu dominio.

Profundicemos en cada elemento.

Primero, *recordar* contiene elementos como *escuchar*, *encontrar* información (usando herramientas como buscar en *Google*, tal vez), *memorizar* activamente datos, *marcar* información importante para volver a ella más tarde, *resaltar* puntos clave para sintetizar más tarde y *repetir* la información una y otra vez para explorarla.

Este aspecto se trata de tomar información y arreglarla de alguna manera para que puedas guardarla y recuperarla más tarde. Si eres el tipo de persona a la que le gusta utilizar marcadores y hacer notas sobre lo que quieres leer o mirar en el futuro, entonces estás recordando activamente. También estás ayudando a tu memoria a largo plazo a anotar información cada vez que tabulas o colocas información en viñetas fáciles de recordar. Recordar también implica delinear características clave o citas o definir las ideas principales para que puedas recordar el resumen más adelante. Siempre que repasas para un examen, estás utilizando estas habilidades.

La *comprensión* ocurre cada vez que nos involucramos con la información de manera más activa. Mientras que recordar consiste en concretar y almacenar información, comprender implica separarlo todo para ver mejor cómo funciona, ¡como hacen algunas personas con los electrodomésticos! Categorizar datos (como lo hacemos aquí), *agrupar* información en fragmentos, *inferir* de los datos que tienes y *predecir* eventos futuros basados en ellos, *resumir* y reescribir en otras palabras son todas operaciones cognitivas destinadas para llegar al significado más profundo de un conjunto de símbolos o patrones.

Los profesores que piden a sus alumnos que escriban cosas «con sus propias palabras» lo hacen porque no quieren hacer pruebas de memorización; quieren probar su comprensión. Si comprendes una cosa profundamente, puedes manipularla, sin importar cómo se reorganicen sus componentes o qué símbolos se usen para expresarla. Si alguna vez has intentado explicar algo complicado a alguien que no está familiarizado con el concepto, es posible que te haya resultado útil darles un ejemplo relacionado. Podrías hacer una metáfora a partir de un concepto que entenderían más fácilmente y mostrar cómo las ideas se relacionan entre sí. Esta *relación* y *asociación* es clave para desarrollar una comprensión profunda de un tema.

Aplicar es la tercera categoría. Aquí es, en términos generales, donde la información se lleva al «mundo real» y se manifiesta, ya sea *ejecutando*, *dibujando*, *actuando* o *articulando*. Como probablemente te hayas dado cuenta, muchos de estos términos tienen una superposición significativa con otros verbos en otras categorías, y este debería ser obviamente el caso, cuando consideras que el cerebro nunca realiza actividades realmente discretas, sino que fluye en una acción que, para nuestros propósitos, estamos tratando de comprender utilizando diferentes modelos.

De hecho, la taxonomía de verbos de Bloom es en sí misma una forma de «aplicar», es decir, *elaborar gráficos* o *presentar* información de una manera concreta, es decir, aplicar los conceptos abstractos para manifestar un modelo, idea o concepto. *Pintar, preparar, exhibir, recrear* e incluso *jugar* son todos verbos asociados con esta categoría de la taxonomía. Cada vez que creas un gráfico circular para ilustrar datos, conviertes un plan en realidad o diseñas un experimento que realmente se lleva a cabo, estás «aplicando».

La cuarta categoría es el *análisis*, que se explica por sí mismo. Los verbos en esta categoría incluyen *cuestionar, explicar, organizar, deconstruir, correlacionar* y *calcular*. Esto incluye todos aquellos verbos que nos muestran operando y manipulando activamente la información que llega, no solo para pasarla de una forma a otra, sino para observar de cerca sus componentes, tratando de comprenderlos. La propia teoría de Bloom es un ejemplo de *evaluación* y *categorización*. Estás participando en estas funciones cuando dibujas un mapa mental, integras un conjunto de ideas con otro conjunto, desmontas las piezas de una máquina o preguntas: «¿Por qué ocurre esto?».

El quinto elemento es la *evaluación* e incluye cualquier verbo que muestre que estamos aplicando algunos juicios de valor al material que tenemos delante. En la categoría anterior, el análisis es neutral en cuanto a valores y simplemente se trata de comprender. Esta categoría, sin embargo, se refiere a cosas como *criticar, calificar, reflexionar, revisar, evaluar* y *validar*. Aquí es donde nuestros cerebros practican el discernimiento y la comparación de la información con los objetivos establecidos. ¿Qué tan útiles son los resultados de tu experimento? ¿Cuál es la calidad y veracidad de las afirmaciones que estás evaluando? ¿Qué tan bien te desempeñaste? ¿Cómo puedes *editar* o compilar toda esta información en un todo que realmente diga algo?

El último grupo verbal es *crear*. Aquí, nuestra relación con la información es bastante fundamental: ¡lo hacemos nosotros! *Componer* música, *mezclar* cosas conocidas para crear algo nuevo, *filmar* una película, *escribir* el guion y *representar* a los personajes son formas creativas de interactuar con la información y construir algo novedoso. Otros esfuerzos creativos en los que quizás no hayas pensado incluyen la *programación*, el *diseño* de sistemas, la *adaptación* de material de una forma a otra, o incluso cosas como *podcasting* o *blogs*. Curiosamente, Bloom incluso consideró que liderar era creativo, ya que el liderazgo a menudo implica guiar a las personas hacia una visión completamente nueva y hecha por ellos mismos.

Una vez más, estos verbos y categorías siempre se superpondrán; el punto no es identificar categorías discretas. Más bien, este modelo es una herramienta para ayudarte a jugar con la información y verla desde muchos ángulos diferentes, de la misma manera que se podría usar una caja de herramientas con lentes de diferentes colores para ver la misma información con diferentes luces. Cuando intentas aprender y memorizar, involucrarte de manera activa y deliberada con la información hace una gran diferencia, no solo de una o dos formas, sino de tantas como sea posible. De esta manera, los datos cobran vida, se vuelven tridimensionales y te permiten una comprensión profunda que durará más que las impresiones más superficiales.

Siempre que estés aprendiendo algo nuevo, puedes, por ejemplo, resaltar el texto del libro para poder resumirlo (recordarlo) y luego reescribir ese texto con tus propias palabras (comprensión). Luego puedes aplicar tu comprensión construyendo tu propio gráfico o diagrama (aplicando) y tomando un tiempo para desglosar ese diagrama, cuestionarlo y vincularlo a otros diagramas que ya hayas hecho (analizando). Después de todo esto, puedes preguntarte si estos métodos realmente te están ayudando a retener el material (evaluación) y utilizar tu evaluación para guiar el desarrollo de sistemas mejorados de aprendizaje (creación).

Suena tedioso, y puede serlo, pero ese es el verdadero camino hacia la síntesis de información. De hecho, es este arduo trabajo mental y esta lucha lo que realmente consolida los conceptos y hechos en tu cerebro.

Repetición espaciada

El primer método está dirigido directamente a lidiar con la superación del olvido. La repetición espaciada, también conocida como práctica distribuida, es exactamente lo que parece.

La razón por la que es una técnica tan importante para mejorar tu memoria es que combate el olvido directamente y te permite trabajar dentro de los límites de las capacidades de tu cerebro. Otras técnicas, no menos importantes, se refieren a aumentar la codificación o el almacenamiento; recuerda que las tres partes de la memoria son la codificación, el almacenamiento y la recuperación. La repetición espaciada ayuda a la última parte, la recuperación.

Para memorizar más y retener mejor la información, espacia el ensayo y la exposición a ella durante el mayor tiempo posible. En otras palabras, recordarás algo mucho mejor si lo estudias durante una hora al día frente a veinte horas en un fin de semana. Esto se aplica a casi todo lo que puedas aprender. Investigaciones adicionales han demostrado que ver algo veinte veces en un día es mucho menos efectivo para la memoria que ver algo diez veces en el transcurso de siete días.

La repetición espaciada tiene más sentido si imaginas tu cerebro como un músculo. Los músculos no se pueden ejercitar todo el tiempo y luego volver a trabajar con poca o ninguna recuperación. Tu cerebro necesita tiempo para hacer conexiones entre conceptos, crear memoria muscular y, en general, familiarizarse con algo. Se ha demostrado que el sueño es el lugar donde se establecen las conexiones neuronales, y no es solo mental. Se forman conexiones sinápticas en tu cerebro y se estimulan las dendritas.

Si un atleta se ejercita demasiado en una sesión como tú podrías tener la tentación de estudiar, sucederá una de dos cosas. El atleta estará demasiado exhausto y la segunda mitad del entrenamiento será inútil o el atleta se lesionará. El descanso y la recuperación son necesarios para la tarea de aprender y, a veces, el esfuerzo no es lo que se requiere.

A continuación, se muestra cómo se vería un horario centrado en la repetición espaciada. Naturalmente, es mejor diseñar esto junto con tu estudiante, para que comprenda exactamente lo que estás haciendo y participe activamente en planificarlo por sí mismo, de acuerdo con su comprensión de sus propios objetivos.

Lunes a las 10:00 de la mañana. Aprender los primeros datos sobre la historia de España. Acumulas cinco páginas de notas.

Lunes a las 8:00 de la noche. Revisar las notas sobre la historia de España, pero no limitarse a revisar pasivamente. Asegúrate de intentar recordar la información de tu propia memoria. Recordar es una forma mucho mejor de procesar la información que simplemente volver a leer y revisar. Esto puede llevar solo veinte minutos.

Martes a las 10:00 de la mañana. Intenta recordar la información sin mirar mucho tus notas. Después de intentar recordar activamente tanto como sea posible, revisa tus notas para ver lo que te perdiste y toma nota de lo que debes prestar más atención. Esto probablemente te llevará solo quince minutos.

Martes a las 8:00 de la noche. Revisa las notas. Esto llevará diez minutos.

Miércoles a las 4:00 de la tarde. Intenta recordar de nuevo la información de forma independiente y solo mira tus notas una vez que hayas terminado para ver qué más has olvidado. Esto le llevará solo diez minutos. Asegúrate de no omitir ningún paso.

Jueves a las 6:00 de la tarde. Revisa las notas. Esto tomará diez minutos.

Viernes a las 10:00 de la mañana. Sesión de recuperación activa. Esto tomará diez minutos.

Al observar este programa, ten en cuenta que solo estás estudiando setenta y cinco minutos adicionales durante la semana, pero que has logrado pasar toda la lección seis veces más. No solo eso, es probable que hayas memorizado la mayor parte porque estás utilizando la recuperación activa en lugar de revisar pasivamente tus notas.

Estás listo para una prueba el próximo lunes. De hecho, estás listo para una prueba el viernes por la tarde. La repetición espaciada le da a tu cerebro tiempo para procesar conceptos y hacer tus propias conexiones y saltos debido a la repetición.

Piensa en lo que sucede cuando te expones repetidamente a un concepto. Para las primeras exposiciones, es posible que no veas nada nuevo. A medida que te familiariza con él y dejas de seguir los movimientos, comienzas a examinarlo en un nivel más profundo y piensas en el contexto que te rodea. Lo relacionas con otros conceptos o información, y generalmente le das un cierto sentido.

Todo esto, por supuesto, está diseñado para enviar información de tu memoria a corto plazo a tu memoria a largo plazo. Por esta razón, estudiar en el último minuto no es un medio eficaz de aprendizaje. Muy poco tiende a convertirse en memoria a largo plazo debido a la falta de repetición y análisis más profundo. En ese punto, se convierte en la memorización de memoria en lugar del aprendizaje de conceptos que discutimos anteriormente, que está destinado a desaparecer mucho más rápidamente.

Cuando te propongas aprender algo, en lugar de medir la cantidad de horas que le dedicas, intenta medir la cantidad de veces que vuelves a consultar la misma información después del aprendizaje inicial. Haz que tu objetivo sea aumentar la frecuencia de los repasos, no necesariamente la duración. Ambos importan, pero la literatura sobre la repetición espaciada o la práctica distribuida deja en claro que es necesario un respiro.

Es cierto que este tipo de aprendizaje óptimo requiere más tiempo y planificación de lo que la mayoría de nosotros estamos acostumbrados. Sin embargo, si tienes poco tiempo, aún puedes usarlo estratégicamente.

Para prepararnos para una prueba, examen u otro tipo de evaluación, no necesitamos material para que quede completamente en nuestra memoria a largo plazo. Solo lo necesitamos para que pase un poco más allá de nuestra memoria de trabajo y se codifique parcialmente en nuestra memoria a largo plazo. No necesitamos poder recordar nada al día siguiente, es como si solo necesitáramos algo durante unas horas.

Es posible que no puedas hacer una verdadera repetición espaciada si estás aprendiendo en el último minuto, pero puedes simularlo de una manera pequeña. En lugar de estudiar el tema X durante tres horas solo por la noche, trata de estudiarlo una hora cada tres veces al día con unas pocas horas entre cada vez.

Recuerda que los recuerdos necesitan tiempo para codificarse y quedarse en el cerebro. Estás haciendo la mejor imitación de la repetición espaciada que puedes con lo que tienes disponible. Para aprovechar al máximo tu tiempo limitado de estudio, estudia algo, por ejemplo, tan pronto como te despiertes, y luego revísalo al mediodía, a las 4:00 de la tarde y a las 9:00 de la noche. La cuestión es repasar a lo largo del día y obtener la mayor cantidad de repeticiones posible. Recuerda centrarte en la frecuencia en vez de la duración.

Durante el transcurso de tu repetición, asegúrate de estudiar tus notas, verlas en diferentes contextos y codificarlas de manera más efectiva. Además, utiliza la memoria activa frente a la lectura pasiva. No tengas miedo de incluso intercalar material no relacionado para cosechar los beneficios de la práctica intercalada. Asegúrate de enfocarte en los conceptos subyacentes que gobiernan la información que estás aprendiendo para que puedas hacer conjeturas fundamentadas sobre lo que no recuerdas.

Asegúrate de estar recitando y ensayando información nueva hasta el último minuto antes de tu prueba. En su mejor día, tu memoria a corto plazo puede contener siete elementos, por lo que podrías salvarte con una información que nunca encajaría en tu memoria a largo plazo. Es como si estuvieras haciendo malabares. Es inevitable que eventualmente lo dejes todo, pero podría suceder que estés haciendo malabares con algo que puedes usar. Utiliza todos los tipos de memoria que puedas emplear conscientemente.

La repetición espaciada, como puedes ver, plantea el aprendizaje desde una perspectiva diferente: practicando la recuperación y la frecuencia en lugar de duración para mejorar la memoria. Incluso en situaciones en las que no tienes todo el tiempo que quisieras, puedes usar la repetición espaciada para concentrarte en las pruebas y, en general, simplemente obtener más información en tu cerebro, nuevamente, enfocándote en la frecuencia y no en la duración. Cuando extiendas tu aprendizaje y memorización durante un período de tiempo más largo y vuelvas a repasar el mismo material con frecuencia, estarás mejor.

La siguiente pieza del rompecabezas para memorizar mejor se llama fragmentar. A diferencia de la repetición espaciada, esto podría ser algo de lo que hayas oído hablar antes, e incluso podría ser algo que haces actualmente.

Notas de Cornell

Muchas de las técnicas que se tratan aquí se prestan a temas más bien académicos, y esto es cierto para la toma de notas. Muchos de nosotros hemos aprendido alguna manera de tomar notas en la escuela y la universidad, pero a menudo esto es simplemente un comportamiento imitado que nunca nos hemos tomado el tiempo de comprender adecuadamente. Lo primero que hay que tener en cuenta es que las notas no son necesarias automáticamente. Pero si es así, lo siguiente que debes recordar es que un método para tomar notas solo vale si realmente ayudas a tu estudiante a comprender y retener nueva información. Un gran error es adoptar alguna técnica de moda o que suene importante que no hace más que obstaculizar el aprendizaje, en lugar de facilitarlo.

Es por eso que dedicamos tiempo a sentar las bases en el capítulo anterior: cuando entendemos el paisaje y nuestro camino a través de ese paisaje para alcanzar nuestro objetivo deseado, se vuelve mucho más fácil elegir las herramientas y técnicas adecuadas. No perdemos el tiempo con enfoques que solo confunden o aburren a nuestro estudiante, sino que vamos directamente al meollo del asunto con un enfoque que tiene un propósito y está enfocado. Con esa salvedad, exploremos algunos métodos para tomar notas que han atraído fanáticos a lo largo de los años. El método más famoso para tomar notas se llama *método de Cornell*, y los elementos se relacionan con lo que cubrimos anteriormente. Así es como funciona.

En una hoja manuscrita para tomar notas (escribir a mano es la clave), divídela por la mitad y en dos columnas. Haz que la columna de la derecha sea aproximadamente el doble del tamaño de la columna de la izquierda. Nombra la columna de la derecha como «Notas» y la columna de la izquierda como «Pistas». Deja un par de pulgadas en blanco en la parte inferior de la página y nombra esa sección como «Resumen».

Ahora tienes tres secciones distintas, pero solo tomarás notas en la sección Notas a la derecha. Aquí es donde tomas notas normales sobre los conceptos más grandes con detalles de apoyo de la manera más concisa posible. Escribe todo lo que necesitas para realizar una evaluación exhaustiva de lo que estás aprendiendo. Asegúrate de omitir algo de espacio entre los puntos para que puedas completar más detalles y aclaraciones en un punto posterior. Dibuja gráficos y diagramas, haz listas cuando sea apropiado y haz tu mejor esfuerzo para capturar lo que importa.

No es necesario que pienses en la organización o en destacar mientras tomas los apuntes iniciales. Simplemente escribe lo que escuches o leas y proporciona una imagen lo más completa posible. Registra tanto como sea posible en la columna de la derecha, ya que solo deseas capturar información en este punto. No discrimines.

Cuando vuelvas a repasar las notas, podrás averiguar qué es necesario e importante.

Una vez que hayas terminado de tomar apuntes, pasa al lado izquierdo de Pistas. Aquí es donde, para cada sección o concepto, filtras y analizas el lado de Notas y escribes las partes importantes en el lado de Pistas. El lado de las Notas es más un lío confuso y el lado de las Pistas es un relato relativamente organizado del tema en cuestión; básicamente, la misma información está en cada lado.

Convierte cinco oraciones de notas normales en una o dos oraciones con un punto principal y hechos de apoyo. Con suerte, puedes imaginarlo: a la izquierda hay un conjunto organizado de declaraciones que resumen todo de manera ordenada, mientras que a la derecha hay un revoltijo de escritura desordenada. En este punto, ya has alcanzado el segundo nivel de tomar notas como hablamos antes. Has subido un nivel por encima de lo que haces normalmente, y ya puedes hojear el papel y saber al instante de qué se tratan las notas.

Finalmente, una vez que hayas terminado con los lados de Notas y Pistas, ves a la sección Resumen en la parte inferior.

Aquí es donde intentas resumir todos los apuntes que acabas de tomar en algunas ideas y declaraciones de alto nivel, con solo los datos de respaldo importantes o las excepciones a las reglas. Quieres decir tanto en la menor cantidad de palabras como sea posible porque, cuando revises tus notas, debes poder comprenderlas rápidamente y no tener que deconstruir y analizar de nuevo.

Tu objetivo es poder hojear la sección Resumen y Pistas y seguir adelante. Donde antes tenías una página llena de notas desordenadas, ahora tienes una pequeña sección de Resumen donde puedes comprender instantáneamente la nueva información. También te permite memorizar de manera más efectiva, ya que nuevamente son solo unas pocas oraciones en comparación con una página que tendrías que analizar cada vez. sintetizar para una repetición más no está de más.

Como ejemplo rápido, ¿por qué no revisamos de qué hemos estado hablando en esta lección? Supongamos que estamos tomando notas de Cornell sobre este concepto en sí. En el lado derecho estará todo lo que puedas captar. No será palabra por palabra y probablemente tendrás que escribir frases cortas.

Pero no está demasiado organizado, es solo una gran cantidad de información basada en lo que has escuchado. En el lado izquierdo, tendrás algunas frases más cortas, como las cuatro etapas de las notas y lo que sucede en cada etapa, cómo funcionan las notas de Cornell y su importancia para aprender de manera más eficaz.

En cuanto a la sección Resumen, debes resumir todo lo que has aprendido de esta lección en una o dos oraciones; hay cuatro etapas de aprendizaje: tomar notas, editar, analizar y reflexionar. Las notas de Cornell te obligan a pasar por las cuatro etapas y te ayudan a organizar mejor la información con tres secciones para hacer cumplir la información.

Al completar este proceso, has creado tu propia guía de estudio. Mejor aún, también tienes todo el proceso que utilizaste para crearlo documentado en la misma página, desde las notas originales hasta la síntesis y el resumen. Tienes un registro de información que te permite profundizar tanto como quieras o referirte a lo que desees. La parte más importante es que has creado algo que tiene un significado personal para ti porque has redactado todo de una manera que tiene significado. Estás haciendo que la información se ajuste a tu esquema mental, no al revés.

En general, tomar apuntes no es una actividad pasiva y perezosa. Ese es el verdadero secreto de las grandes notas. Los apuntes están pensados para servir como algo a lo que puedas referirte, comprender instantáneamente y encontrar útil, en lugar de tener que descifrarlos. Esto no funcionará si primero debes intentar comprender el sentido de estructura y organización de otra persona.

Peter Brown, autor del libro *Make It Stick*, simplifica este punto con notas: sostiene que cuando no se pone ningún esfuerzo en el proceso de aprendizaje, no dura mucho.

En un estudio que citó Brown, a los estudiantes se les permitió copiar notas palabra por palabra en algún material, pero se les pidió que reformularan *otro* material con sus propias palabras. Cuando estos estudiantes fueron evaluados más tarde, hicieron un mejor trabajo recordando el material que habían parafraseado.

Puede ser conveniente, para los estudiantes, si no para el profesor, proporcionar notas escritas para las conferencias. Pero la falta de esfuerzo inherente a este arreglo perjudicará al estudiante. De hecho, cuanto menos esfuerzo y participación sea capaz de hacer un estudiante para salir adelante, peor será el aprendizaje.

Tus notas son la forma en que tu cerebro procesará, comprenderá y memorizará la información. Eso significa que debes asegurarte de tener una buena base para comenzar.

La mejor práctica final sobre la interacción con la información para los autodidactas es el arte de la auto explicación. Nuevamente, puedes reconocer elementos de esto del método SQ3R, específicamente la parte sobre la *recitación*.

Cómo utilizar la anotación útil

Una última técnica que veremos en este capítulo implica no solo «lectura detallada» y anotaciones, sino también anotaciones *intencionadas*. Nuevamente, esto depende en gran medida del material que estás tratando de enseñar y las habilidades, la edad y la personalidad de tu estudiante. ¿Alguna vez te has sentado a leer algo y simplemente... has dejado que tus ojos simplemente recorran la página sin más? La lectura es en realidad un proceso muy activo y requiere un constante ir y venir entre el material de la página y tu absorción y comprensión de esa información.

Más que esto, la lectura no es solo una actividad aislada, siempre está integrada en un panorama más amplio. Sin comprender este panorama general, la lectura puede parecer un poco inútil y desenfocada. Si los textos escritos forman una gran parte de lo que estás tratando de enseñar, entonces no hay forma de evitarlo: también tendrás que enseñar un método sobre *cómo* leer, de acuerdo con tus propósitos.

Simplemente coger un libro y leerlo es una cosa. Pero un lector eficaz lee con *propósito*. Propósito significa saber **por qué** está leyendo algo; para decirlo de otra manera, necesitas una idea clara de lo que pretendes hacer con la información después de haberla recopilado del texto. ¿Cómo se alinea exactamente con tus metas y objetivos establecidos?

Muchos estudiantes universitarios se sientan con un libro de texto en una mano y un resaltador en la otra, destacando las secciones a medida que avanzan, sin tener idea de por qué han elegido este método o qué esperan lograr con él. ¡Este es precisamente el método que te dejará pensando, «espera, ¿qué acabo de leer?» al final!

Cuando tu estudiante hace anotaciones (es decir, resalta o agrega símbolos o notas en el texto o en los márgenes a medida que lee), debe hacerlo con un propósito previamente identificado. Una forma sencilla de darle más propósito a cualquier lectura es preguntar deliberadamente: «¿Por qué estoy leyendo esto?» Haz una pausa y prepara a tu estudiante para que busque información pertinente estableciendo una meta de lectura **antes** de que realmente lea. Esto también se puede hacer alertándolo sobre la tarea que tendrá que completar **después**, es decir, un resumen, un análisis o una pregunta de comprensión. Esto da forma y guía su enfoque mientras leen, le da un propósito.

Piensa en la lectura como una conversación que estás teniendo con el texto; debes responder de manera inteligente y aumentar tu *comprensión* del material. Si estabas hablando con una persona y te surgen dudas, podrías pedirle que repita lo que dijo, que reformule las cosas o que te haga una pregunta para asegurarte de que entiendes lo que está diciendo. Enséñale a tu alumno a leer de la misma manera, a estar atento y responder a lo que lee, y a interactuar con el texto haciendo resúmenes, conexiones, análisis o incluso argumentos *a medida que lo lee.*

Por lo tanto, debemos alentar a nuestros estudiantes a participar con los textos antes, durante y después de la lectura. Antes, pueden establecer metas e intenciones; durante, pueden hacer notas y apuntes significativos; y luego, pueden realizar alguna tarea para consolidar y aplicar lo que han leído. Como ejemplo simple, podrías darle a tu estudiante un artículo y despertar su curiosidad diciendo que este autor fue muy criticado por el argumento que presentó, y ¿puedes adivinar por qué? Luego, al leer, pídele a tu alumno que descubra la estructura lógica del argumento que está haciendo el autor, además de cualquier respuesta que tenga, es decir, ¿qué piensa de la postura del autor?

Por último, después de leer, puedes pedirle a tu alumno que no solo resuma lo que ha leído, sino que vuelva a analizar su pregunta: ¿Qué opinó del argumento del autor? Luego, podrías darle otro artículo, uno que refute el primero, para agregar aún más profundidad al tema. Como puedes ver, en ningún momento está leyendo por el simple hecho de hacerlo; más bien, su lectura está dirigida a un objetivo específico.

Cuando leemos de esta manera, los apuntes se convierten en herramientas, o incluso en rutas de navegación que nos permiten encontrar rápidamente el camino hacia los conceptos y desde ellos. La verdad es que muchos estudiantes, de todas las edades, no tienen una inclinación natural a leer algo a menos que puedan ver alguna relevancia para sus propias vidas o las tareas que están tratando de lograr por sí mismos. En cierto modo, el compromiso activo con la nueva información *es lo mismo que* aprender; sin estar conscientemente presente para enfocar y dirigir la atención, ¿cómo se podría decir que aprendemos algo?

Las anotaciones deben reflejar un compromiso cognitivo interno. Cuando tu estudiante escribe una pregunta o refuta algo en el margen de un texto, debe ser porque ese pensamiento se le ocurrió genuinamente y quiere tomar nota de ello, en lugar de pensar: «Bueno, probablemente debería tomar algunas notas, este parece el lugar adecuado para inventar algo».

Es importante que tú, como profesor, comprendas tus objetivos más amplios para que pueda preparar el escenario para el alumno. Si deseas que absorba la información en general, concéntrate en hacer un resumen o un esquema simple. Si deseas que se involucre de manera más significativa con el material en sí, pídele que analice el contenido más de cerca. Si deseas asegurarte de que realmente comprenda los puntos en lugar de simplemente memorizarlos, hazle preguntas de comprensión o pídele que parafrasee. Ten en cuenta uno o dos verbos claramente definidos para guiar a tu estudiante: *analizar, comparar, organizar, integrar, describir, resumir, explicar* o *desarrollar* son todos verbos que le piden a tu estudiante que adopte una postura activa al leer.

Una vez que sepa lo que está haciendo, el alumno puede decidir qué anotación funcionará mejor. ¿Preguntas al margen? ¿Resaltar? ¿Rodear nuevas palabras y encontrar sus definiciones? ¿Subrayando directamente en un texto? Ninguno de estos enfoques es mejor o peor; lo que importa es que la anotación respalde lógicamente el propósito de la lectura. No hay necesidad de seguir reglas específicas de anotaciones, bolígrafos codificados por colores, símbolos especiales, etc. De hecho, un sistema que tu estudiante diseñe completamente por su cuenta probablemente sea mucho más efectivo.

Tu objetivo como maestro es guiar a tu estudiante a un lugar donde se sienta empoderado, seguro y lo suficientemente curioso como para controlar el proceso de lectura y dirigirlo él mismo. Todo lo que está al servicio de un propósito tiene más energía y es más claro; la lectura no es una excepción. Puedes encontrar que establecer una tarea de lectura de la manera correcta conduce naturalmente a que el estudiante tome notas. Tu único mensaje podría ser sugerirle que escriba su objetivo en letras grandes en la parte superior de la página y ver qué sucede.

Recuerda, el punto no es generar notas bonitas, sino facilitar los procesos cognitivos internos que surgen con la verdadera comprensión. Quieres *internalizar* el proceso lento y deliberado de interacción con material nuevo. Una buena idea más: pídele a tu estudiante que evalúe activamente qué tan bien está funcionando su sistema de toma de notas y apuntes. ¿Cómo le han ayudado? ¿Han ayudado? Esto los guía a pensar más profundamente en el futuro sobre cómo quiere conectarse con el texto.

Aportes

- Existe una variedad de métodos prácticos para ayudar en el viaje de aprendizaje. El método SQ3R es una manera de dar forma al proceso de aprendizaje, a través de Encuesta (obtener una descripción general del material), Pregunta (desarrollar una comprensión más profunda haciendo preguntas para dirigir su aprendizaje), Lectura (ingesta activa y cuidadosa del material o información), Recitar (practicar lo aprendido para organizarlo y cimentar en la mente) y Revisar (evaluar tu progreso en comparación con el comienzo y de acuerdo con tus objetivos generales).
- La taxonomía de Bloom explica que el dominio es acumulativo y procede a través de niveles de comprensión cada vez más profundo. Estos son recordar, comprender, aplicar, analizar, evaluar y crear. Cada uno de estos niveles de participación depende del dominio del nivel anterior. Como profesor, puedes dar forma al desafío progresivo teniendo en cuenta estas etapas.

- La repetición espaciada o la práctica distribuida es una forma de fortalecer la memoria y el recuerdo. La idea es recitar o repasar el material a intervalos frecuentes espaciados durante un período tan largo como sea posible, en lugar de «abarrotar» todo a la vez, lo cual es menos efectivo. La clave es la coherencia y la práctica espaciada, lo que permite que el estudiante recuerde lo aprendido.
- El Método Cornell para tomar notas le enseña a tu estudiante a tomar notas naturales, pero luego simplifica temas y puntos clave de esas notas y luego resume sus principales hallazgos, esencialmente generando un mapa conceptual del material. Esto mejora no solo la retención sino también la comprensión profunda.
- Finalmente, la anotación intencionada es algo que se hace durante la lectura, pero en realidad ocurre antes, durante y después de la lectura. La lectura debe ser activa y dirigida; tienes que saber de antemano por qué estás leyendo y qué piensas hacer con la información

después de haberla leído. Este conocimiento prepara y enfoca la lectura, y facilita la elección de métodos de anotación (resaltado, notas, símbolos, etc.) que funcionen en contexto.

Capítulo 4. Técnicas avanzadas

El capítulo anterior cubrió un terreno posiblemente familiar, es decir, cómo un estudiante puede trabajar «más inteligentemente, no más duro» y usar una variedad de herramientas cognitivas de la manera más eficiente, lógica y satisfactoria. En este capítulo, vamos un poco más allá y analizaremos enfoques y técnicas que profundizan más.

Aquí, nos extenderemos más allá de las técnicas habituales basadas en el aula y analizaremos de manera más filosófica el proceso de adquisición de conocimientos en sí. ¿Qué significa realmente ser guía, mentor o formador de alguien? ¿Cómo podemos aprovechar una comprensión más sofisticada de cómo funciona realmente esta cosa extraña llamada Aprendizaje (¡con A mayúscula!), para nosotros y para nuestros estudiantes?

Aprendizaje basado en problemas

Existe una leyenda urbana sobre los trabajadores metalúrgicos novatos. Sus maestros les dicen que esculpan una estructura compleja en un bloque sólido de metal con solo herramientas manuales a su disposición. Después de completar este problema tedioso y aparentemente imposible, ¿qué supone que lograron los estudiantes? Se convirtieron en verdaderos expertos con herramientas manuales.

¿Qué pasa con el famoso Sr. Miyagi de la película *Karate Kid*? ¿Quién puede olvidar cómo le enseñó a su alumno, Daniel-san, cómo realizar trabajos forzados? Y, sin embargo, después de lograr este objetivo, resultó que Daniel-san aprendió los conceptos básicos del karate.

Al resolver un problema o alcanzar una meta, el aprendizaje se hizo inevitable.

El aprendizaje basado en problemas (ABP) es donde comienza con un problema que debe resolverse y obliga al aprendizaje a través del proceso de resolución de ese problema. Intenta lograr una meta que requiere aprendizaje. En lugar de proponerse aprender X, la idea es establecer una meta de resolver el problema Y y, en el proceso, aprender X. Por supuesto, esto es pura transferencia de aprendizaje.

Por lo general, aprendemos información y habilidades de manera lineal. En la escuela, se usa comúnmente un enfoque tradicional: se nos da material, lo memorizamos y se nos muestra cómo esa información resuelve un problema. Incluso podría ser la forma en que estructuras tu aprendizaje cuando estás solo, porque no sabes nada diferente.

El ABP requiere que identifiques lo que ya sabes sobre el problema y qué conocimientos y recursos aún necesitas, para averiguar cómo y dónde obtener esa nueva información y, finalmente, cómo armar una solución al problema. Esto es muy diferente del enfoque lineal de la mayoría de las escuelas. Podemos recurrir a mis escapadas románticas fallidas cuando era adolescente como ejemplo.

Quería impresionar a Jessica de la clase de español. Es una motivación noble y poderosa que ha sido el ímpetu de muchos cambios en la vida de un hombre joven (y viejo). Estábamos en la misma clase de español y tuve la suerte de sentarme justo detrás de ella. Resulta que a ella no le interesaba demasiado el español, por lo que constantemente se daba la vuelta y me pedía ayuda.

Primero me pillaba mirándola, pero luego mi ánimo decaía porque me daba cuenta de que no tenía idea de cómo responder a sus preguntas. ¿Y si empezaba a preguntarle a los otros chicos de la clase? ¡Yo no quería eso!

Con eso en mente, comencé a estudiar y aprender español para que ella tuviera más razones para seguir dándose la vuelta y hablarme. Es asombroso lo que puedes hacer cuando tienes la motivación adecuada para ello, y probablemente aprendí a hablar con fluidez más rápido que nadie en la clase ese año. Es más, buscaba frases difíciles únicamente para impresionarla, en caso de que tuviera la oportunidad.

Creé un conjunto masivo de tarjetas didácticas. Comenzaron con una palabra en el reverso de cada tarjeta, pero al final del año escolar, tenían de tres a cuatro oraciones en el reverso de cada una, todas en español. Obtuve una A+ en la clase, una de las pocas en mi carrera en la escuela secundaria, pero nunca llegué a ninguna parte con Jessica.

Este es un caso clásico del aprendizaje basado en problemas: quería resolver el problema de X (Jessica), pero terminé aprendiendo Y (español) en el proceso.

Por supuesto, la clave es ser deliberado sobre el problema en el que dedicas tu tiempo a resolver, para que lo que aprendas te ayude a lograr lo que deseas. Puede ser tan simple como querer dominar una nueva escala en la guitarra e intentar tocar una canción difícil que incorpore esa escala. Puedes ver cómo concentrarte en resolver un problema puede ser más útil y educativo que simplemente leer un libro de texto o escuchar una conferencia. Ciertamente, hay algo que decir sobre la experiencia de primera mano.

El aprendizaje basado en problemas ha existido de una forma u otra desde el libro fundamental de John Dewey de 1916 *Democracy and Education: An Introduction to the Philosophy of Education*. Una de las premisas básicas del libro de Dewey era aprender haciendo.

Vayamos hasta la década de 1960, cuando este tipo de aprendizaje tuvo su comienzo moderno. Las facultades de medicina comenzaron a utilizar casos y ejemplos de pacientes reales para capacitar a los futuros médicos. De hecho, así es como muchos estudiantes de medicina aprenden a diagnosticar y tratar a los pacientes. En lugar de memorizar un suministro interminable de hechos y cifras, los estudiantes de medicina pasaron por el proceso de diagnóstico y recogieron información a lo largo del camino. Eso es ejercitar un músculo diferente al de leer y escribir notas.

¿Qué preguntas deben hacerle al paciente? ¿Qué información necesitan del paciente? ¿Qué pruebas deben realizarse? ¿Qué significan los resultados de esas pruebas? ¿Cómo determinan los resultados el curso del tratamiento? Al hacer y responder a todas estas preguntas en el proceso del ABP, los estudiantes de medicina finalmente aprenden cómo tratar a los pacientes.

Imagina que a un estudiante de medicina se le presenta el siguiente caso: Un paciente masculino de sesenta y seis años llega a la consulta quejándose de falta de aire. ¿Cuáles son los próximos pasos en este lienzo en blanco?

Además de los antecedentes médicos, familiares y sociales, el estudiante querrá saber cuánto tiempo han estado ocurriendo los síntomas, a qué hora del día, qué actividades provocan dificultad para respirar y si algo lo empeora o mejora. El examen físico, entonces, se enfoca en el problema: controla la presión arterial, escucha el corazón y los pulmones, revisa las piernas para ver si hay edema, etc. A continuación, el estudiante determinaría si es necesario realizar alguna prueba de laboratorio o radiografías. Y luego, basándose en esos resultados, el estudiante elaborará un plan de tratamiento. Y eso es solo para empezar.

Si el instructor quería que el estudiante aprendiera cómo lidiar con posibles problemas cardíacos, lo logró. Al aplicar sus habilidades de investigación a casos del mundo real, el aprendizaje fue más realista, más memorable y más atractivo para los estudiantes de medicina. Las investigaciones han demostrado que cuando el aprendizaje se basa en problemas para los estudiantes de medicina, el razonamiento clínico y las habilidades de resolución de problemas mejoran, el aprendizaje es más profundo y los conceptos se integran para una mejor comprensión general del material.

El ABP obliga a los estudiantes a apropiarse de la solución y el enfoque, y absorben un concepto o un conjunto de información de una manera completamente diferente. En lugar de simplemente resolver para X, deben llegar a la ecuación completa que conduce a X. Implica un profundo sentido de exploración y análisis, los cuales conducen a una mayor comprensión que la simple regurgitación.

El ABP también conduce a una mayor automotivación porque, en lugar de aprender por aprender, hay un problema de la vida real en juego, con consecuencias en la vida real.

Al vivir en el «mundo real», por lo general no se nos dan escenarios de casos ni se nos asigna a proyectos grupales (al menos no en el sentido de la frase de la escuela primaria) para ayudar en nuestros objetivos de aprendizaje. Lo sepamos o no, podemos ponernos en posición de mejorar nuestro aprendizaje dirigiéndolo a propósitos específicos. Lo que sigue son algunos ejemplos de cómo encontrar un problema que requerirá un mayor aprendizaje de tu parte.

Planificación de comidas. Por ejemplo, deseas resolver el problema de lidiar con cenas retrasadas y frenéticas. Eliges esta tarea porque, además de resolver el problema del estrés y la ansiedad innecesarios, aprenderás a convertirte en un mejor cocinero en todo el sentido de la palabra. Quieres resolver X (comidas estresantes) pero en el camino también aprenderás Y (cómo cocinar mejor).

Entonces, ¿qué pasos tomarías para ser más competente en la cocina? Una forma sería implementar un sistema de planificación de comidas que te permita probar nuevas recetas y técnicas. Primero, determina lo que ya sabes sobre el problema. Tu familia necesita comer. Sería bueno que las recetas comenzaran con facilidad e incrementar la dificultad poco a poco. Necesitas los ingredientes para hacer esas recetas, un horario de qué comida servir, cuándo y una estrategia sobre cómo abordarás las técnicas más avanzadas.

¿Qué necesitas saber aún? Necesitas recetas y listas de ingredientes reales. Necesitas algún tipo de plan organizado para cuándo servirás cada cena, probablemente un calendario. Es posible que desees identificar las habilidades específicas que deseas adquirir.

¿Dónde obtendrás nueva información para ayudar a resolver este problema? Tal vez empieces pidiendo a los miembros de tu familia que compartan sus tres comidas favoritas contigo. Luego puedes buscar algunas ideas en internet. A partir de ahí, haces una lista de la compra, tal vez en un bloc de notas, o tu computadora en un documento de Word, o una aplicación de compras que encuentres. A continuación, debes poner tus comidas en un calendario. Nuevamente, puedes hacer esto en tu computadora, o puedes encontrar una aplicación o imprimible para la planificación de comidas. Y tal vez desees explorar el pedido de comestibles en línea con entrega o recogida para ahorrar más tiempo (y probablemente gastos impulsivos). Deberás averiguar cómo aprenderás nuevos enfoques de cocina: leer, videos de YouTube, ir a una clase, etc.

Al hacer un plan estratégico para mejorar tus habilidades culinarias, ¡has resuelto tu caos a la hora de comer utilizando el aprendizaje basado en problemas! Identificaste lo que ya sabías (necesita ideas sobre las nuevas habilidades que querías aprender, ideas para comidas, recetas, una lista de la compra), descubriste lo que aún necesitabas saber (las técnicas en sí, recetas específicas, listas de ingredientes, una comida, calendario) y dónde encontraste esa información (familia, internet, aplicaciones, libros, en línea, computadora, etc.).

No solo has creado un plan para las próximas comidas de tu familia, sino que has ideado una estrategia para seguir adelante semana tras semana, mes tras mes, mientras aprendes nuevas técnicas y mejoras tus habilidades culinarias. Al desarrollar una estrategia de planificación de comidas, estás ahorrando tiempo y dinero, y puedes ver una disminución del caos y un aumento en la satisfacción de la familia con las comidas. Digamos que has matado dos pájaros de un tiro.

La tostadora rota. Consideremos un problema más complicado. Parece que tu tostadora ya no funciona y tienes tostadas para el desayuno todos los días. Siempre has querido aprender más sobre electrónica y poner en práctica lo que aprendiste hace años. Quieres resolver X (tostadora rota) pero en el camino también aprenderás Y (habilidades básicas de electrónica). ¿Cómo se vería el ABP en este escenario un tanto abrumador?

El primer paso es determinar lo que ya sabes. Tu tostadora no funciona. Eres bastante hábil y considerarías arreglarla tú mismo. Sabes un poco sobre cables. Y te gusta mucho tu tostadora, un modelo que ya no se fabrica.

Entonces, ¿qué necesitas saber para resolver este problema? Deberás determinar la causa específica del mal funcionamiento de tu tostadora. Potencialmente, necesitarás alguna instrucción para aspectos del problema fuera de tu conjunto de habilidades actual. Necesitarás herramientas y suministros, así como tiempo y lugar para trabajar en tu tostadora.

En la etapa de recopilación de información, desmontarás tu tostadora para tratar de determinar el problema. Puedes buscar en línea o ir a la biblioteca para obtener un manual de «reparación» para pequeños electrodomésticos. Hay videos de YouTube que puedes consultar para obtener un tutorial visual. Luego, una vez que hayas determinado el problema, hayas aprendido a solucionarlo y hayas realizado la reparación, podrás usar de nuevo tu tostadora.

El aprendizaje basado en problemas proporciona un marco útil para una manera reflexiva y organizada de abordar un problema, desafío o dilema con el fin de aprender una nueva habilidad o información. Puedes pensar en el aprendizaje basado en problemas como una serie de pasos como se demuestra en los ejemplos anteriores.

Define tu problema.
Determina lo que ya sabes.
Enumera las posibles soluciones y elige la que tenga más probabilidades de éxito.
Divide los pasos en elementos de acción (un cronograma de tiempo a menudo ayuda).
Identifica lo que aún necesitas saber y cómo obtendrás esa información.

Hay algunas ventajas distintas para el ABP. No solo retendrás mejor lo que has aprendido, sino que generalmente obtendrás una comprensión más profunda del problema y las soluciones que si hubieras adoptado un enfoque menos centrado. Si bien puede parecer que un enfoque basado en problemas tiene demasiados pasos y llevará demasiado tiempo, en general, tiende a ahorrarte tiempo a largo plazo, ya que no estás probando aleatoriamente una solución tras otra que está menos bien pensada. Planear y formular un plan sistemático finalmente te ahorra tiempo y, a menudo, ¡también dinero! Ese es el beneficio de resolver directamente un problema: llegar al meollo de lo que importa.

El ABP se puede aplicar a casi cualquier aspecto de tu vida. Puede que tengas que ser creativo en cómo diseñar un problema o una meta en torno a algo que deseas aprender, pero este es el tipo de técnica de aprendizaje que disparará tu progreso. Después de todo, podemos ganar mucho sin aplicar lo que sabemos al mundo real a través de la transferencia de aprendizaje.

Sócrates el grande

La importancia de ser un maestro de preguntas no puede ser exagerada; no se trata de ser pedante o provocativo. Hemos dicho varias veces que no puedes esperar que la información te enseñe o se haga entender. Esta responsabilidad siempre recaerá sobre ti al final. Si no obtienes o no comprendes algo de una conferencia, libro o video, la respuesta seguramente no puede ser seguir leyendo el mismo pasaje una y otra vez.

Debes hacer un esfuerzo para investigar y entender por ti mismo. O, si estás desempeñando el papel de maestro, debes establecer las condiciones ambientales exactas para permitir que este proceso se desarrolle mejor en tus estudiantes, y motivarlos y prepararlos para que hagan más que simplemente seguir los movimientos. Te hace pensar en experimentos de psicología en los que las ratas continúan electrocutándose, presionando una palanca. No se está avanzando, por lo que obviamente el enfoque debe cambiar. Es un claro ejemplo de trabajo más inteligente, no más duro; nadie puede negar que la rata trabaja duro, pero con resultados cuestionables.

Consideremos a dos personas que leen el mismo libro sobre la historia de España. Jimbo leerá y revisará la información. Tomará notas y podrá aprobar un examen con bastante facilidad sobre el tema. Sus respuestas se leen como viñetas. Recibe una B+. Felicitaciones a Jimbo.

Kunal, por otro lado, lee el mismo libro, pero solo lo hace una o dos veces, y en su lugar pasa el resto de su tiempo tratando de obtener una comprensión más profunda de los porqués y las motivaciones de los conquistadores y reyes españoles. Obtiene una A+ en la misma prueba, una mejor nota porque mostró una visión más profunda de la que Jimbo podría poseer. Sus respuestas son más como ensayos, y aunque se olvidó de un par de detalles, dio saltos de razonamiento y juicio profundos debido a su comprensión más profunda.

Logró este nivel de dominio al hacer preguntas de sondeo y usarlas para respaldar hechos e información. Procesó la información y la contempló con sus preguntas. Él descubre que ni siquiera necesita saber todos los hechos si hace las preguntas correctas, porque puede predecir lo que probablemente habrían hecho los conquistadores. Felicitaciones a Kunal.

En el aprendizaje, se dice que las respuestas son mucho menos importantes que las preguntas que hace la gente. De hecho, también hemos escuchado este consejo en relación con las entrevistas de trabajo, donde siempre debes tener «preguntas inteligentes» para demostrar que comprendes a la empresa entrevistadora en un nivel más profundo.

La memorización de la información es a veces la meta, pero si alguna vez queremos comprender más profundamente, las preguntas son el primer lugar para comenzar. Las preguntas tomarán una pieza plana de información y la convertirán en una pieza de conocimiento viviente y tridimensional que interactúa con el mundo en general. Esa es la realidad de cualquier hecho o información; tiene una historia que solemos pasar por alto en aras de la velocidad o la eficiencia. Hacer una pregunta es ver un tema, identificar lo que no sabe y también estar abierto al hecho de que todo su entendimiento podría estar equivocado. El aprendizaje significativo solo ocurre cuando comprendes lo que rodea a la información, como el trasfondo y el contexto.

Dicho de otra manera, las buenas preguntas terminan por permitirnos *triangular* la comprensión. Toma un libro de texto, por ejemplo. Es necesariamente amplio y no se puede esperar que cubra todas las sutilezas involucradas. Si aceptamos completamente lo que leemos, entonces estaremos en un camino singular. Si hacemos preguntas, podemos ver que el camino en sí contiene giros y vueltas y puede que ni siquiera sea preciso. Se generan diferentes líneas de indagación, y se entiende que existen múltiples caminos, cada uno con su propia perspectiva. Las preguntas nos permiten aclarar malentendidos y reforzar lo que ya sabemos. Al final, llegamos a una comprensión del mismo libro de texto que tiene matices y es más preciso.

Afortunadamente para nosotros, los profesores lo saben desde hace miles de años. El marco más útil para generar preguntas perspicaces proviene nada menos que del propio Sócrates, el antiguo filósofo griego quizás mejor conocido por ser el maestro de Platón, además de ser ejecutado por el estado por «corromper las mentes de los jóvenes». Su método de enseñanza fue en gran parte en forma de diálogos y preguntas, apropiadamente llamado el método *socrático*.

El método socrático es cuando haces preguntas sobre preguntas en un esfuerzo por diseccionar una afirmación o declaración para una mayor comprensión. La persona que hace las preguntas puede parecer que está a la ofensiva, pero está haciendo preguntas para enriquecer a ambas partes y descubrir las suposiciones y motivaciones subyacentes de la afirmación o declaración. Es a partir de este proceso que tenemos un marco para un cuestionamiento efectivo.

Imagina que haces una proclamación y la única respuesta que obtienes es un engreído, «Oh, ¿es así? ¿Qué pasa con X e Y?». Desafortunadamente, el interrogador sabelotodo está en el camino correcto.

Las facultades de derecho estadounidenses son conocidas por utilizar el método socrático. Un profesor le hará una pregunta a un estudiante, y luego el estudiante tendrá que defender su declaración contra el cuestionamiento de un profesor sobre los méritos de un caso o ley. No es contradictorio por naturaleza, pero obliga a alguien a explicar su razonamiento y lógica y, por supuesto, es probable que surjan lagunas en el conocimiento y fallas lógicas. Este proceso sirve al objetivo de una comprensión y un conocimiento más profundos. Puede causar actitud defensiva, aunque no es ofensivo en sí mismo.

Entonces, ¿qué es exactamente el método socrático, más allá de hacer una serie de preguntas difíciles que incomodan a la gente? Cuando te lo haces a ti mismo, estás forzando la comprensión. Te estás sometiendo a una increíble prueba de estrés que te hará cuestionarte a ti mismo y a tu lógica. Te obligará a descartar tus suposiciones y ver qué es lo que te puedes perder. Si te interrogan sin piedad y te separan con el cuestionamiento socrático, lo que quede después será profundamente comprendido y validado. Si hay un error en tu pensamiento o una brecha en tu comprensión, serás encontrado, corregido y probado con una refutación. Eso es aprendizaje profundo.

Como un breve ejemplo, imagina que le estás diciendo a alguien que el cielo es azul.

Esto parece una afirmación incuestionable que es una verdad fácil. Evidentemente, el cielo es azul. Lo sabes desde que eras niño. Sales y lo presencias todos los días. Le has dicho a alguien que sus ojos eran tan azules como el cielo. Pero recuerda, nuestro objetivo con las preguntas es adquirir un mejor conocimiento sobre el azul del cielo. Así que imagina que alguien te pregunta *por qué* sabes que es azul.

Hay muchas formas de responder a esa pregunta, pero decides decir que sabes que el cielo es azul porque refleja el océano, y que el océano es azul, aunque esto sea erróneo. El interrogador pregunta cómo sabes que es un reflejo del océano.

¿Cómo responderías a esto?

Esta breve línea de preguntas socráticas acaba de revelar que no tienes idea de por qué o cómo el cielo refleja (o no) el azul de los océanos del planeta. Intentaste explicar una suposición subyacente y te sorprendiste un poco al descubrir que no tenías ni idea.

Esa, en pocas palabras, es la importancia del método socrático. Una serie de preguntas sencillas e inocentes dirigidas a ti mismo, respondidas con honestidad y seriedad, pueden desentrañar lo que pensabas que sabía y llevarte a comprender exactamente lo que no sabes. A menudo, esto es tan importante como saber lo que sabes porque descubres tus puntos ciegos y debilidades. Recuerda que el método fue utilizado por los profesores como una herramienta de enseñanza, por lo que está diseñado para impartir una comprensión más profunda y aclarar ambigüedades.

Hay seis tipos de preguntas socráticas como las delineó R.W. Paul. Después de echar un vistazo brevemente a esta lista, es posible que comprendas cómo estas preguntas pueden mejorar tu aprendizaje y llevarte a llenar los vacíos en tu conocimiento.

Los seis tipos de preguntas son:
1. Preguntas aclaratorias: ¿por qué es exactamente importante?
2. Prueba de supuestos: ¿qué supuestos ocultos podrían existir?
3. Sondeo de fundamento, razones, evidencia: ¿qué evidencia comprobada existe?

4. Cuestionar puntos de vista y perspectivas: ¿qué otras perspectivas existen?

5. Sondeo de implicaciones y consecuencias: ¿qué significa esto, cuál es el significado y cómo se conecta con otra información?

6. Preguntas sobre la pregunta: ¿por qué es importante esta pregunta?

Preguntas aclaratorias: ¿Cuál es el significado real de lo que se dice? ¿Existe una motivación o un significado oculto subyacente en esta información? ¿Qué esperan lograr con él? Supongamos que tenemos la misma afirmación desde arriba, donde el cielo es azul. Aquí hay algunos ejemplos de preguntas de cada categoría que podrías hacer de manera plausible para obtener claridad y desafiar sus pensamientos.

- ¿Qué te importa si el cielo es azul?
- ¿Cuál es el significado para ti?
- ¿Cuál es el problema principal aquí?
- ¿Qué quieres decir exactamente con eso?
- ¿Qué tiene eso que ver con el resto de la discusión?

- ¿Por qué dirías eso?

Prueba de supuestos: ¿En qué supuestos se basan las afirmaciones y están realmente respaldadas por pruebas? ¿Qué es opinión y creencia, y qué es un hecho basado en evidencia o probado de alguna otra manera? A menos que estés leyendo un artículo científico, siempre hay suposiciones inherentes que pueden ser precisas o no.
- ¿Tu azul es mi azul?
- ¿Por qué crees que el cielo es azul?
- ¿Cómo puedes probar o verificar eso?
- ¿De dónde viene esto exactamente?
- Entonces, ¿qué te lleva a creer que el cielo es azul?
- ¿Cómo puedes demostrar que el cielo es azul?

Sondeo de fundamento, razones, evidencia: ¿Cómo sabes que la evidencia es confiable y válida? ¿Cuáles son las conclusiones extraídas y qué fundamento, razones y evidencia se utilizan específicamente de esa manera? ¿Qué podría faltar o estar cubierto?

- ¿Cuál es la evidencia del color del cielo y por qué es convincente?
- ¿De qué manera exactamente el reflejo del océano colorea el cielo?
- ¿Cuál es un ejemplo de eso?
- ¿Por qué crees que es cierto?
- ¿Qué pasa si la información es incorrecta o defectuosa?
- ¿Puedes decirme el razonamiento?

Cuestionar puntos de vista y perspectivas: Las personas casi siempre presentarán una afirmación o un argumento de un sesgo específico, así que juega al abogado del diablo y permanece escéptico sobre lo que se les ocurrió. Pregunta por qué no se prefieren puntos de vista y perspectivas opuestos y por qué no funcionan.
- ¿De qué otra manera se podría interpretar tu evidencia, una visión alternativa?
- ¿Por qué esa investigación es la mejor para demostrar que el cielo es azul?
- ¿Podría decirse lo mismo de probar que el cielo es rojo? ¿Por qué sí o por qué no?
- ¿Cuáles son las posibles fallas de este argumento?
- ¿Cuál es el contraargumento?

- ¿Por qué el cielo no colorea el océano en lugar de al revés?

Sondeo de implicaciones y consecuencias: ¿Cuáles son las conclusiones y por qué? ¿Qué más podría significar y por qué se extrajo esta conclusión en particular? ¿Cuál será la consecuencia y por qué?
- Si el cielo es azul, ¿qué significa eso con respecto a los reflejos?
- ¿Quién se ve afectado por el color del cielo?
- ¿Qué significa esta información y cuáles son las consecuencias?
- ¿Qué implica este hallazgo? ¿Qué más determina?
- ¿Cómo se conecta con el tema o la narrativa más amplios?
- Si el cielo es azul, ¿qué significa eso sobre el océano?
- ¿Qué más podrían probar tu evidencia e investigación sobre el planeta?

Preguntas sobre la pregunta: Esto es menos efectivo cuando te haces esta pregunta a ti mismo. Dirigido hacia otra persona, estás obligando a las personas a

reflexionar sobre por qué hiciste la pregunta o por qué seguiste esa línea de preguntas y te diste cuenta de que tenías algo que quería evocar. ¿Qué quisiste decir cuando dijiste eso y por qué preguntaste sobre X en lugar de Y?
• Entonces, ¿por qué crees que te pregunté sobre tu creencia en el color del cielo?
• ¿Qué crees que quería hacer cuando te pregunté sobre esto?
• ¿Cómo crees que este conocimiento podría ayudarte en otros temas?
• ¿Cómo se aplica esto a la vida cotidiana y lo que discutimos anteriormente?

Al principio, parece un disco rayado, pero hay un método para la locura. Cada pregunta puede parecer similar, pero si se responde correcta y adecuadamente, van en diferentes direcciones. En el ejemplo del cielo azul, hay más de veinte preguntas distintas: veinte respuestas y sondeos distintos sobre la simple afirmación de alguien de que el cielo es azul. Casi puedes imaginar cómo alguien podría descubrir que no sabe casi nada y que solo es capaz de regurgitar un conjunto limitado de hechos sin contexto o comprensión.

Puedes aplicar el método socrático para asegurarte de que comprendes lo que crees que es. Puedes pensar en ello como un proceso sistemático de examinarte y comprobarte tú mismo. El resultado final siempre será una victoria, ya que confirmas tu dominio o averiguas exactamente lo que falta.

Supongamos que escuchas de un amigo que la Inquisición española fue un proceso bastante humano de ligeros interrogatorios, con solo mutilaciones y azotes menores (varias fuentes calculan el número de muertos en, en promedio, alrededor de cien mil personas). En este caso, puedes utilizar las preguntas socráticas para corregir un error. Los seis tipos de preguntas, como recordatorio:
1. Preguntas aclaratorias: ¿por qué es importante?
2. Prueba de supuestos: ¿qué supuestos ocultos podrían existir?

3. Sondeo de fundamento, razones, evidencia: ¿qué evidencia comprobada existe?

4. Cuestionar puntos de vista y perspectivas: ¿qué otras perspectivas existen?

5. Sondeo de implicaciones y consecuencias: ¿qué significa esto y cuál es el significado y cómo se conecta con otra información?

6. Preguntas sobre la pregunta: ¿por qué es importante esta pregunta?

Para comprobar la veracidad de esta afirmación, puedes preguntar:

- ¿Qué se dice exactamente y por qué es importante?
- ¿En qué se basa esa declaración?
- ¿Qué te hace pensar que es verdad? ¿Dónde está la evidencia de ello?
- ¿Quién podría tener esta perspectiva y por qué? ¿Cuál podría ser la perspectiva opuesta? ¿Por qué es eso?
- ¿Qué significa esto para la historia española en su conjunto? ¿Todos los libros de texto de historia son incorrectos? ¿Qué más se verá afectado por este conocimiento?

- ¿Por qué crees que podría estar preguntándote sobre esto?

¿Qué hay de usar las preguntas socráticas para una comprensión más profunda de un tema, como la biología del cerebro? En realidad, las preguntas no cambian; las seis preguntas anteriores se pueden usar de la misma manera para comprender más profundamente las estructuras cerebrales. Aprenderás, identificarás y entenderás. ¿No es eso de lo que se trata todo esto?

Pensamiento crítico pro

Si alguna vez has seguido el método socrático en cualquier forma, felicidades, sin darte cuenta has practicado el pensamiento crítico. Reconocerás esta amplia técnica como uno de los cinco enfoques pedagógicos que cubrimos al principio del libro, es decir, el enfoque basado en la indagación. Al adoptar esta postura con un estudiante, de hecho, le estás modelando el proceso interno que un día realizará por sí mismo, mucho después de que hayas dejado de enseñarle. Un pensador crítico tiene un maestro internalizado en su cerebro, que hace preguntas reflexivas, señala inconsistencias y pregunta regularmente: «Entonces, ¿qué estamos haciendo aquí? ¿Qué es esto? ¿Qué significa eso realmente de todos modos?».

A nadie le gusta pensar sobre sí mismo como un pensador pobre o descuidado, pero ser honesto sobre la *calidad* de tus procesos de pensamiento es un primer paso necesario para el verdadero aprendizaje. Nuestro capítulo anterior se centró en el contenido y los métodos de absorción, organización, retención, etc. Pero el pensamiento crítico tiene que ver con el *cómo* de aprender, más que con el *qué*. El pensamiento crítico no se refiere a algo que somos, sino a algo que hacemos. Es un enfoque que, cuando se practica con la suficiente frecuencia, mejora no solo la calidad y la fuerza de nuestros pensamientos, sino que nos convierte en expertos en el aprendizaje, punto.

Suena bien. Entonces, ¿cómo se ve el pensamiento crítico sobre el terreno? Ya lo has visto con el método socrático, es decir, el principio de no dar nada por sentado. Cuando haces una pregunta, inmediatamente te pones en la posición de no saber la respuesta, es decir, no asumir nada. Sin hacer suposiciones, abres el camino para una comprensión más profunda. Esta es la actitud que impulsa el método científico y se alimenta de una sincera curiosidad.

Como maestro, fomenta esta habilidad manteniéndote al margen tanto como sea posible. En lugar de darle a tu estudiante opiniones preformadas y fijas, dale solo una pregunta para estimular su propio interés, permitiéndole llegar a conclusiones por su cuenta. Por supuesto, hay una parte de la enseñanza que consiste en instrucción y explicación. Pero trata de no decirle a tu estudiante lo que debe pensar; siempre es mejor apoyar el proceso individual del estudiante de resolver lo que piensa. Invita a tu alumno a desafiar todas y cada una de las suposiciones, incluso aquellas que enmarcan los parámetros de la relación de aprendizaje entre ambos.

Hacer esto pone a tu estudiante en el centro de la investigación del aprendizaje y lo pone a cargo de su propio desarrollo y comprensión. El objetivo nunca es abarrotar la cabeza de tu estudiante con todas las cosas que crees que necesita saber, sino ayudarlo a lograr el tipo de mente abierta consciente y madura que le permite perseguir su propio contenido, de acuerdo con sus propias facultades.

Esto no es lo mismo que permitir que los estudiantes mantengan la opinión pobremente considerada que quieran: en el campo del aprendizaje, cada pensamiento, opinión o afirmación se debe ganar. Esto significa que no tenemos miedo de desafiar los prejuicios y las suposiciones, pero, por otro lado, también mantenemos una perspectiva neutral y suspendemos el juicio hasta que tengamos una razón suficiente para aferrarnos a una afirmación sobre otra.

Puedes modelar esta actitud para tus estudiantes manteniendo bajo control tu propio sesgo basado en el ego. Muéstrales que revisar tus creencias cuando se enfrentan a nuevas pruebas es simplemente parte del proceso. Los profesores pueden ser increíblemente tercos y de mente cerrada, ya que están tan acostumbrados a ocupar una posición de autoridad y corrección indiscutibles. Sin embargo, puedes recorrer un largo camino si te involucras de manera proactiva con tus propios puntos ciegos, y es probable que te ganes la confianza y el respeto de tus estudiantes en el proceso.

La actitud no tiene por qué ser combativa u hostil; nunca es vergonzoso cometer un error en el camino hacia el aprendizaje, y no hay que avergonzarse de ajustar tu posición si es ahí a donde te lleva tu comprensión. De hecho, una de las lecciones más importantes que puede impartir cualquier maestro es que este proceso es indistinguible del aprendizaje en sí mismo, y que las personas verdaderamente inteligentes nunca temen los errores, la ignorancia o que se demuestre que están equivocadas.

Esto es lo que muchos llaman una «mentalidad de crecimiento», y elimina el miedo, los prejuicios y el ego de la imagen y coloca los datos y el conocimiento en el centro. Todos los humanos tienen creencias, preferencias, expectativas, fallas de pensamiento e historias personales únicas. Pero ser un pensador crítico significa separar deliberadamente los hechos y la lógica de las creencias personales. Es una marca de un pensador muy sofisticado decir: «Bueno, por razones personales, me encantaría que XYZ fuera cierto, pero no puedo negar la evidencia de lo contrario, así que supongo que debo haberme equivocado en este aspecto».

Los pensadores críticos nunca ven una idea o creencia como un lugar permanente para quedarse, para siempre jamás. No ven las ideas o pensamientos como un equipo de fútbol favorito al que apoyan independientemente de las circunstancias, por lealtad o terquedad o por un sentimiento recto de que están en el «lado» correcto de las cosas. Más bien, los pensamientos y las ideas cambian y actualizan constantemente a medida que avanza el aprendizaje. Abandonar algunas ideas no se considera una debilidad o un error, sino simplemente la acumulación de más datos y un paso en el camino hacia una mejor comprensión, que es siempre, siempre, el objetivo.

Independientemente de lo que tu alumno esté aprendiendo, como profesor puedes fomentar este espíritu de examen crítico y abierto sin cerrar nunca una investigación seria y siempre dando la bienvenida al debate y al análisis. Apoya y valida a los estudiantes cuando reconozcan una falla en tu propia lógica, pero evita elogiar una idea sobre otra. Tu objetivo no es realmente encontrar la «respuesta correcta», sino cultivar un camino sólido. Después de todo, ni siquiera tienes que elegir un bando o hacer un pronunciamiento final. Recuérdate a ti mismo y a au alumno que siempre es posible decir «No lo sé» o quizás «*Todavía* no lo sé». Es más maduro reconocer la complejidad de una situación desordenada y sin resolver que forzar una conclusión que la simplifica demasiado, solo para satisfacer el ego.

En la vida real, rara vez hay respuestas sencillas y fáciles, pero puedes enseñarle a tu alumno a tolerar un cierto grado de matices y a sostener una idea sin necesidad de forzar una decisión o apresurarse a atribuirle opiniones y emociones. El pensamiento crítico es un sello distintivo de la metacognición: aprendemos no solo a trabajar dentro de nuestros propios modelos mentales, sino a permanecer fuera de ellos y preguntarnos con neutralidad si están funcionando y cómo, y si se podría usar algo mejor en su lugar.

Naturalmente, comunicar el poder del pensamiento crítico a otros requiere un maestro capacitado que sea capaz de pensar críticamente por sí mismo. Enséñale a tu estudiante que siempre hay oportunidades para la autorreflexión, para cuestionar, para erradicar los prejuicios y para examinar lo que se pasa por alto, y la mejor manera de hacerlo es practicarlo tú mismo, mientras enseñas.

Resumiendo

Habiendo dicho todo esto, recordemos que la enseñanza, para ser eficaz, necesita volver continuamente a lo concreto. Tenemos que trabajar desde principios abstractos, pero en algún momento, también debemos anclar en la acción. Dentro del marco teórico adecuado, incluso la «actividad» más simple y sin pretensiones adquiere de repente una nueva luz. Observemos de cerca algunas estrategias de enseñanza, ya sea en un aula más formal, solos o con un compañero, para que podamos ver cómo usarlas para medir la comprensión, ofrecer explicaciones, hacer preguntas y dar retroalimentación valiosa.

A medida que las leas y decidas si te gustaría usarlas para tus propósitos particulares, ten en cuenta que la técnica o actividad preferida es siempre la que mejor le permite a tu estudiante comprender realmente el material. Si no funciona, simplemente déjalo o adáptalo hasta que funcione. Recuerda que todos estos están pensados para ser ejercicios interactivos, dinámicos y ajustables que te permitan ayudar al proceso de aprendizaje natural de tus estudiantes.

Piensa, empareja, comparte
Si funciona para tu situación, haz que tus alumnos piensen en una tarea solos al principio, luego que compartan sus hallazgos y respuestas con un compañero y, finalmente, compartan ese conocimiento combinado con el grupo más grande. Esto fomenta el pensamiento comparativo y colaborativo, apoya el debate y la discusión y permite a los estudiantes ver aspectos que quizás no hayan considerado anteriormente. Esta técnica es ideal para grupos más pequeños. Cuando se usa con grupos más grandes, terminas pasando demasiado tiempo en discusiones sobre respuestas potencialmente incorrectas, dejando poco tiempo para la enseñanza real.

Utiliza «mini exámenes»

No, esto no es para probar el contenido en sí, sino para reflexionar y evaluar el proceso de aprendizaje. Al final de la lección, pide al alumno que se tome un momento para escribir lo principal que aprendió, algo con lo que todavía tiene dificultad, además de las preguntas que tenga. Esto enfoca el aprendizaje y le permite estructurar su próxima lección de acuerdo con su comprensión actual, además de fomentar la autorreflexión activa.

Reclutar estudiantes profesores
Ya hemos visto lo útil que puede ser conseguir que un alumno con un conjunto de habilidades más avanzado enseñe y guíe a un alumno con uno menos desarrollado. Una excelente manera de formalizar este proceso es dividir la lección en partes y luego asignarlas a grupos más pequeños de estudiantes, de modo que cada uno tenga la tarea de comprender solo una parte del todo. Luego, mezcla los grupos para que los estudiantes tengan que transmitirse sus conocimientos entre sí y ver dónde encaja la nueva información con la de ellos.

Los estudiantes son, por tanto, maestros de lo que saben y también estudiantes que intentan comprender lo que los demás saben. El resultado es una comprensión más profunda y completa de los elementos de una imagen más amplia. Esta es una gran técnica para permitir que los estudiantes encuentren sus propias conexiones causales y vínculos significativos en un sistema mayor, en lugar de que tú se los describas directamente.

Otra forma de implementar este método, si tu institución lo permite, es tener un estudiante asistente de enseñanza que interactúe regularmente con la clase. A veces pueden contextualizar la información para otros estudiantes de manera más efectiva que los propios profesores porque el asistente ha tenido una experiencia más reciente como estudiante. También puedes utilizar el asistente para dar a tus alumnos una introducción a los conceptos que vas a enseñar mientras manejas las partes complejas tú mismo.

Asignar un proyecto

Enmarca la actividad de tus estudiantes como un proyecto que ellos dirigen y componen, con sus comentarios y orientación. Ya sea que les pidas que creen un discurso, una presentación o un ensayo, aprovecha la oportunidad para evaluar su proceso, plantear preguntas reflexivas o dar tu opinión. Esto funciona bien con tareas del mundo real que tienen un fuerte elemento práctico. Luego, puedes pedirles a los propios estudiantes que determinen una rúbrica para calificar su proyecto y pensar en formas de medir su propio desempeño contra los resultados del proyecto.

Usa ensayos o debates
Puedes enfocar tu lección en un solo mensaje o pregunta y luego hacer que uno o más estudiantes respondan con un ensayo o argumento propio. Pueden presentar o enviar este artículo o participar activamente en discusiones o debates con otros estudiantes. También puedes pedirles a los estudiantes que califiquen fragmentos de ejemplo. Alternativamente, puedes dividir la clase en varios grupos, asignar una posición sobre la pregunta a cada uno y

pedirles que la defiendan. Esto fortalece su capacidad para pensar críticamente sobre la estructura lógica de los argumentos y ver un modelo sobre cómo organizar sus propios intentos.

Fomenta la síntesis
Recuerda que aprender se trata de hacer conexiones significativas. Anima a los estudiantes a sintetizar material de dos fuentes diferentes; por ejemplo, podrías pedirles que relacionen una discusión con el material cubierto en un libro de texto, o que comparen y contrasten material de dos libros muy diferentes para llegar a una tercera perspectiva única. Esto realmente te permitirá ver dónde está tu estudiante en términos de comprensión del material y podrás encontrar rápidamente brechas en la comprensión. También es una manera perfecta de animar a los estudiantes a «pensar por sí mismos» sobre las consecuencias e implicaciones más complejas del material que encuentran.

Este método es particularmente útil para enseñar ciencias sociales porque diferentes teóricos tienen sus propias concepciones únicas de las cosas. Si le preguntaras a tres filósofos el significado de la vida, te darán respuestas muy diferentes que se basan en diferentes entendimientos de lo que es la vida. Al comparar varios de estos marcos dispares, los estudiantes pueden obtener una comprensión holística del concepto que todos están discutiendo.

Utiliza la observación
Puedes pedir a los estudiantes que dediquen un tiempo a observar una interacción, discusión o actividad y que respondan tomando notas, haciendo preguntas u ofreciendo su propio análisis e interpretación. De esta manera, el trabajo de otros estudiantes puede convertirse en datos para descomprimir y examinar.

Al pedirle a tu alumno que observe algo en silencio, estás dirigiendo su atención, que luego puede concentrarse en hacer resúmenes o esquemas. Por ejemplo, podrías hacer que algunos estudiantes participen en un debate y pedir a los otros estudiantes que observen y evalúen sus estrategias. Al hacerlo, has añadido dimensiones adicionales a lo que de otro modo podría ser un proceso muy estático y poco interesante.

Lo que todos estos métodos tienen en común es que:

    a. Permiten que tus estudiantes trabajen de manera interactiva y proactiva.
    b. Dan la oportunidad de evaluar su comprensión más profunda.
    c. Crean una oportunidad para que tú brindes comentarios significativos.

Teniendo en cuenta el enfoque científico, de mente abierta y socrático del aprendizaje, puedes utilizar una o más de estas actividades como plataforma para apoyar y evaluar el proceso de aprendizaje en un nivel más profundo. Los anteriores se centran en el trabajo interactivo en grupo o en parejas, y su fortaleza está en cómo alientan a tu estudiante a comunicarse dinámicamente, compararse con otros y desarrollar su propia comprensión a través de la auto explicación.

Naturalmente, es posible que solo tengas un alumno o estés enseñando un tema que no se presta bien para el trabajo en grupo. En ese caso, querrás aprovechar más actividades visuales. Sin embargo, tanto el trabajo en grupo como las representaciones visuales están simplemente ahí para brindarte la oportunidad de externalizar el pensamiento interno de tu estudiante para que puedas medir su nivel, hacer correcciones y guiarlo. Sin embargo, los datos visuales tienen la ventaja de ser intuitivos y naturales, e incluso pueden ser más fáciles de captar y retener que otras formas de información. Echa un vistazo a las siguientes actividades, muchas de las cuales te resultarán familiares.

Dibujar mapas conceptuales o de relaciones
Son excelentes para hacer conexiones entre conceptos claros y explícitos. Los nodos de una red representan ideas y los vínculos entre ellos llevan información sobre su relación. Puedes utilizar un mapa conceptual para planificar o recapitular una

lección. Dicho mapa se puede utilizar para explicar las cosas en primera instancia, o puedes pedirle a tu alumno que elabore uno para ver cuánto ha retenido, así como las áreas desafiantes. Puedes crear un mapa a medias y pedirle a tu alumno que complete el resto a medida que avanza la lección, o incluso pedirle que corrija errores en un mapa deliberadamente incorrecto.

Sin embargo, un buen mapa conceptual debe ser funcional y lógico. Debe comenzar con un concepto principal y agregar algún sentido de jerarquía o estructura. Utiliza flechas y recuadros para conectar conceptos y agrupa conceptos relacionados con claridad. Cambia el estilo de la flecha para ilustrar diferentes tipos de relaciones, por ejemplo, una línea más oscura para representar una relación más fuerte, y muévete de lo general a lo específico, de lo conocido a lo desconocido.

Aunque a veces pueden confundirse, los mapas mentales difieren de los mapas conceptuales, y estos últimos casi siempre están más organizados. Se puede usar un mapa mental al comienzo de una lección para medir el conocimiento actual y revelar todo lo que se sabe sobre un tema. La «lluvia de ideas» es más libre y hace que los estudiantes piensen de manera creativa y abierta, o estimulan la discusión. Puedes estimular el interés simplemente comenzando con un tema principal en el centro de la página/tablero y dejando que el estudiante lo explique con su guía.

Utiliza diagramas de flujo y diagramas de procesos

A veces, la relación entre diferentes ideas es de causa y efecto, o algo que se desarrolla procedimentalmente en el tiempo. Alternativamente, un diagrama de flujo puede representar un proceso de toma de decisiones o una lógica condicional, es decir, el pensamiento «si X, entonces Y». Estos conceptos se ilustran mejor mediante diagramas de flujo que se ejecutan paso a paso.

Pide a los estudiantes que creen un diagrama de flujo de un experimento científico y describe los procesos a seguir bajo diferentes resultados. Puedes darles a los estudiantes un diagrama de flujo simple al comienzo de la lección que describe un procedimiento complejo, para que puedan ver dónde se encuentran en el panorama general a medida que avanza la lección. Por otro lado, puedes enseñar primero y luego pedir a los estudiantes que hagan su propio diagrama de flujo resumido. Dales algunas reglas o pautas para hacerlo o permíteles diseñar sus propias convenciones y símbolos.

Sé creativo con guiones gráficos
Otra forma de presentar información secuencial visualmente es a través de guiones gráficos. Un guion gráfico contiene cómics, imágenes o diagramas fáciles de entender que simplifican el material para resaltar los puntos más destacados. Debido a que esto a veces puede llevar tiempo y esfuerzo, puedes asignar un proyecto para que tu estudiante cree un guion gráfico por sí mismo, o diseñar un proyecto de trabajo en grupo donde los estudiantes deben trabajar juntos para compilar algo que

todos usarán más adelante como resumen o ayuda para el estudio.

Diagramas de cola de pescado

Un diagrama de cola de pescado o diagrama de Ishikawa es una herramienta para delinear las relaciones de causa y efecto, para comprender mejor los factores que intervinieron o podrían potencialmente influir en el logro de un resultado específico. La cabeza del «pez» es el problema o efecto, y las espinas individuales que se atraen hacia él son causas agrupadas en categorías.

Por ejemplo, una categoría de posibles causas del problema de suspender un examen podría ser el «entorno hogareño», que podría representar con una «espina de pescado» diagonal. Yendo más atrás, podrías preguntar qué causó a su vez este entorno familiar deficiente y enumerar varias distracciones en el hogar que impiden estudiar. Incluso más allá de eso, podrías identificar las causas de esas distracciones: visitas familiares sin previo aviso o fácil acceso a dispositivos electrónicos, por ejemplo.

Esencialmente, un diagrama de espina de pescado es un mapa mental direccional que busca responder la pregunta de *por qué* ha sucedido algo. Puedes seguir haciendo esta pregunta sobre cada causa individual para obtener un conocimiento más profundo de las causas fundamentales. Hacer un ejercicio como este entrena a tu estudiante a mirar los fenómenos más allá de los síntomas superficiales y profundizar para encontrar la causa raíz.

Estos diagramas ayudan a los estudiantes a desentrañar las relaciones causales. A diferencia de la construcción de un argumento lógico desde cero, trabajan al revés, casi de forma forense, para examinar una situación completa. Puedes hacer que los estudiantes exploren un evento histórico o una situación hipotética, o utilizar este método para guiar una sesión de autorreflexión o evaluación del desempeño. Incluso podrías reservar esta técnica para ti mismo para comprender mejor la posición de tus estudiantes y cómo llegaron a donde están.

Diagramas de Venn

Una imagen dice más que mil palabras; los diagramas de Venn transmiten rápidamente la relación entre dos o más temas y pueden ayudar a los estudiantes a resumir áreas de superposición versus áreas de diferencia. Puedes pedirle a tu alumno que compare y contraste dos o tres ideas usando un diagrama de Venn, que hace que las relaciones específicas sean mucho más claras que si estuvieran escritas.

Usemos un ejemplo para explorar cómo usar y hacer diagramas de Venn. Supongamos que quieres clasificar varios animales según sus rasgos físicos. En este ejemplo, trabajaremos con tres rasgos, aunque un diagrama de Venn también puede funcionar con un solo punto de comparación basado en dos rasgos. Nuestro primer rasgo involucra a los animales que saben nadar. Haz una lista de todos los animales que pueden nadar. Algunos ejemplos son medusas, perros, tortugas marinas, humanos, ballenas, peces, etc. Ahora consideremos un segundo rasgo, que son los animales que pueden respirar aire. A medida que hagas esta lista, notarás que algunos ejemplos son comunes al rasgo anterior, nadar. Los ejemplos comunes incluyen humanos, perros, ballenas y tortugas marinas. Otros ejemplos de animales que pueden respirar aire, pero no pueden nadar, son las lombrices de tierra y los chimpancés. El tercer rasgo que tenemos son las patas. Los animales que tienen patas incluyen muchos que pueden nadar y respirar aire, y algunos que solo pueden nadar o respirar aire. Ejemplos de los primeros son humanos, perros, etc.

Ahora, tenemos que crear un diagrama basado en estas similitudes. El primer paso aquí es dibujar un círculo grande con «Saber nadar» escrito en la parte superior y escribir todos los ejemplos en él. Escribe los animales que también pueden respirar aire en un lado, mientras que los que solo pueden nadar van por el otro. Ahora, haz otro círculo para los animales que «pueden respirar aire», pero para este tipo, asegúrate de que la circunferencia incluya animales de tu primer círculo que puedan nadar. Entonces, humanos, patos y perros ahora serán parte de ambos círculos, mientras que las medusas solo estarán en el primer círculo. Ahora escribe todos los animales que solo pueden respirar aire en el espacio restante. Por último, tienes el tercer círculo, «tener patas». Debes dibujar este círculo de manera que incluya a todos los animales de los otros dos círculos. Así que los humanos, los patos y los perros también entrarán en el tercer círculo. Los animales que están solo en el segundo círculo, es decir, los chimpancés, también pertenecen al tercer círculo.

Al final, tendrás tres círculos que se cruzan que muestran visualmente cuál de los tres rasgos tiene cada animal. Si bien el posicionamiento de los nombres requiere algo de práctica, una vez que te acostumbras, esta puede ser una poderosa herramienta visual para promover el aprendizaje.

Plantilla KWHL

Básicamente:
¿Qué sé yo?
¿Qué quiero saber?
¿Cómo puedo averiguarlo?
¿Qué he aprendido?

Haz que tu estudiante elabore un cuadro con cuatro columnas etiquetadas como se muestra arriba. Ahora, puedes utilizar estos cuatro subobjetivos para dar forma a una actividad de investigación o aprendizaje. Con una matriz como esta descrita de antemano, los estudiantes pueden enfocar sus propios proyectos autodirigidos, y hay una forma incorporada para que ellos evalúen su propio progreso y logro al final. Una vez más, el enfoque basado en la investigación asoma la cabeza; en este caso, un estudiante trabaja para estructurar su propio proceso de aprendizaje de la misma manera que tú lo harías como maestro diseñando una lección para él.

Por ejemplo, tus estudiantes podrían tener problemas con un concepto particular de contabilidad. Podrías asignarles una tarea KWHL: ¿pueden trazar cuidadosamente lo que ya saben y lo que no saben? Una vez que identifican la brecha en el conocimiento, su tarea es encontrar fuentes de información de calidad. Puedes aprovechar esta oportunidad para fomentar las habilidades de pensamiento crítico ya cubiertas, así como para reflexionar más cuando los estudiantes se preguntan qué tan bien funcionó su intento. Esto es eficaz porque pueden volver a la pregunta 1 y preguntar de nuevo, ¿qué sé yo? ¿Más que antes?

Lo que todos estos métodos tienen en común es que:

> a. Transmiten una gran cantidad de datos o información de una manera rápida y concisa.
> b. Resaltan relaciones, conexiones causales, similitudes y diferencias, o secuencias entre puntos de datos, por ejemplo, se trata de conexiones.
> c. Te permiten organizar el material para que puedas evaluar la comprensión, ofrecer comentarios, corregir o ampliar áreas relevantes.

Como siempre, las técnicas de enseñanza (ya sea que se basen en actividades grupales o ayudas visuales) deben aplicarse *después* de que hayas obtenido una comprensión clara de dónde están tus alumnos y dónde deseas llevarlos con tu lección. Cuanto mejor comprendas la naturaleza de lo que estás tratando de enseñar, más podrás elegir las técnicas apropiadas que realmente harán lo que se supone que deben hacer.

Si deseas que los estudiantes obtengan una comprensión profunda de un procedimiento complejo, puedes pedirles que observen un juego de roles de ese procedimiento que sale mal y tomen notas, que luego usarán para construir un diagrama de espina de pescado. Si deseas que tus alumnos obtengan una amplia comprensión de la teoría actual sobre un tema determinado, puedes pedirles que lean detenidamente y anoten un texto y resuman su material.

Otro estudiante podría hacer lo mismo con un texto diferente y cuando se reúnan para discutir, los estudiantes podrían trabajar juntos para crear un diagrama de Venn que resuma los puntos clave de similitud entre los textos. Llevándolo aún más lejos, puedes hacer que trabajen solos y compilen un ensayo que amplíe estas similitudes, donde puedan sintetizar un análisis completamente nuevo y ofrecer su propia respuesta.

Como puedes ver, el único límite es tu imaginación, y las técnicas y métodos se pueden combinar o adaptar para satisfacer tus necesidades y las de tus alumnos. Haz que los estudiantes se involucren en un debate entre ellos o contigo y, al mismo tiempo, elabora un diagrama de flujo para el proceso de debate. Al final de la lección, asigna un «mini cuestionario» con elementos KWHL. ¿Puede el alumno reflexionar sobre su progreso y hacer sugerencias sobre qué incluir en la próxima lección?

Aportes

- Una vez que hayas dominado las técnicas de enseñanza más sencillas, es posible que quieras probar métodos más avanzados. El ABP o aprendizaje basado en problemas, por ejemplo, es un enfoque integrador en el que a los estudiantes se les presenta un problema y se les guía para que encuentren la solución por sí mismos, obteniendo una comprensión más profunda. El ABP es excelente para dar a los estudiantes la responsabilidad de su propio aprendizaje y crea lecciones realistas, aplicables y memorables.
- El método socrático es otro enfoque profundo que se basa en la investigación estratégica. Las preguntas se pueden usar para desenterrar suposiciones y prejuicios, para buscar una comprensión más rica, para desarrollar perspectivas, explorar consecuencias e implicaciones, examinar la justificación más profunda de un argumento o incluso mirar más de cerca la pregunta en sí.
- La clave del enfoque socrático es hacer preguntas para que tus interlocutores o

alumnos tengan suficiente espacio para expresar su opinión. Una vez que hayas logrado que revelen lo que piensan, indaga más a fondo, ya sea pidiendo aclaraciones, elaborando algo que pasaron por alto o problematizando algo que dijeron. Estas tácticas obligan a los estudiantes a aprender y comprender nuevos conceptos al tener lagunas en su conocimiento.
- El pensamiento crítico es un gran enfoque para conceptos más avanzados, ya que fomenta la metacognición tanto sobre la calidad de los pensamientos como sobre el material y el proceso de aprendizaje en sí. El pensamiento crítico se caracteriza por una actitud de mente abierta y una tolerancia a la ambigüedad o la incertidumbre que no da nada por sentado. A menudo, implica seguir un enfoque basado en la indagación en el que continuamente le haces preguntas a tus alumnos que desafían tus creencias de manera que estimulan la discusión y el aprendizaje.
- Otras técnicas avanzadas pueden ser el trabajo en grupo para ayudar en el

aprendizaje (por ejemplo, tareas de maestro-alumno, «emparejar y compartir», debate u observación de los alumnos) o materiales visuales relevantes (como mapas de relaciones, diagramas de flujo, diagramas de Venn o guiones gráficos).
- Todas estas técnicas más avanzadas requieren que el estudiante sea proactivo en su aprendizaje y permiten que el maestro no solo mida la comprensión, sino que también ofrezca comentarios útiles.

Capítulo 5. El ambiente estudiantil

En los capítulos anteriores, nuestro enfoque se ha centrado en lo que tú, como futuro maestro, puedes hacer para que la experiencia de aprendizaje de tu estudiante sea lo mejor posible. Pero en todo momento, hemos reconocido que el papel de un maestro es siempre el de un *facilitador*, alguien que permite que los procesos naturales de aprendizaje ocurran de manera óptima. Una gran parte de esto es crear las condiciones ambientales más propicias para un aprendizaje genuino.

Sin embargo, el entorno del estudiante es algo más que el entorno físico inmediato. Aquí, discutiremos cómo el alumno, el maestro, el entorno y el material están todos en estrecha relación, y un maestro eficaz es aquel que puede asegurarse de que los cuatro estén correctamente alineados para conducir al éxito de la mejor forma posible. Esto requiere un conjunto de actitudes efectivas, una comprensión del hábito y la motivación, y un espíritu de resiliencia, así como una atmósfera de aprendizaje que fomente el aprendizaje en lugar del miedo o la evitación.

Los maestros a menudo pueden tener dificultades no con el material en sí o con encontrar la manera más inteligente y eficiente de presentarlo; más bien, su problema surge cuando tratan de inspirar y motivar a los estudiantes a quienes simplemente no les importa. Es como si en la enseñanza, siempre hubiera dos lecciones que se ejecutan en paralelo: una relacionada con el material real en cuestión y otra que se ejecuta en segundo plano, donde el estudiante está aprendiendo disciplina, resistencia y autorregulación a medida que avanza en el proceso de aprendizaje.

Entendiendo la motivación

A menos que un estudiante esté motivado para aprender, no aprenderá. Sin motivación, la inteligencia no importa y el supuesto valor del material tampoco. Pero ¿por qué la gente está motivada para hacer algunas cosas y no otras?

Una teoría muy simple para explicar la motivación humana se llama teoría de la expectativa, y básicamente establece que las personas actúan de acuerdo con los resultados que *esperan* que sucedan después de esa acción. La teoría establece que, incluso si no lo sabes, lo harás:

a. Evaluar la probabilidad de que una cantidad de esfuerzo invertido conduzca a un resultado o cambio predecible en el desempeño (¿qué tan duro tengo que trabajar?)

b. Evaluar hasta qué punto cualquier esfuerzo está directamente relacionado con un resultado deseado (¿qué me proporcionará ese trabajo?) y
   c. Decidir qué tan atractivo es ese resultado para ti personalmente, de acuerdo con tus necesidades y valores (¿qué tan valioso es este resultado para mí?).

Entonces, tu antiguo profesor de educación física podría haber querido enseñarte las reglas de algún deporte que realmente no te gustaba, pero si supieras que probablemente te calificaría bien sin importar qué, probablemente estabas mucho menos motivado para hacer un esfuerzo. De manera similar, si supieras que tu calificación de educación física influyó solo mínimamente en tu rendimiento anual total en la escuela de todos modos, es posible que te resulte difícil estar motivado, ya que hacerlo bien en educación física no estaba directamente relacionado con una meta que sí te importaba: aprobar el año. Por último, puede que simplemente decidas que la educación física no te importa mucho, dados los valores y objetivos generales de tu vida.

Cuán duro están dispuestos a trabajar tus estudiantes depende en gran medida de cuán duro deben trabajar para lograr el éxito, cuán probable es que este trabajo sea recompensado y si la recompensa es algo que realmente se percibe como valioso. El esfuerzo siempre está vinculado al desempeño y a la recompensa, por lo que, cuando enseñamos, debemos ser conscientes de los vínculos que nuestros alumnos están creando entre sí. A menos que todos estos estén alineados, es poco probable que alguien se sienta motivado para actuar durante mucho tiempo.

Es importante destacar que no existe un resultado u objetivo universalmente atractivo; más bien, es lo que una persona *percibe* individualmente como valioso. Puedes creer que el tema que estás enseñando es inmensamente valioso y no puedes entender por qué otros no están tan motivados para entenderlo como tú, pero eso se debe a que el estudiante realizado evaluaciones diferentes al sopesar el esfuerzo y la recompensa probable.

Puedes ver a dónde va esto: para inspirar a nuestros estudiantes, debemos trabajar con sus motivaciones intrínsecas. Tiene mucho sentido: ¿por qué estaría motivado para hacer algo que tiene una relación impredecible con cualquier resultado, o con un resultado que no queremos en particular? Otro punto clave aquí es que la motivación es algo que se basa en nuestra percepción y valoración del *futuro*: está en lo que esperamos y anticipamos.

Esto significa que incluso si una acción en particular realmente está en el mejor interés de alguien, es posible que aún no encuentre la motivación si no tiene idea de qué esperar de ti o del material que tiene delante. Vale la pena repetir esto: la realidad de la situación es irrelevante; lo que marca la diferencia son las percepciones de tu estudiante. Si tienes suerte, tienes un estudiante que ya está lo suficientemente motivado para estudiar, pero incluso si este es el caso, es posible que debas comprender y encender su motivación durante esos momentos en los que se ve abrumado por desafíos, contratiempos o sentimientos de estancamiento.

Una excelente manera de motivar a los estudiantes es obvia cuando se piensa en ello: aumentar el valor percibido del material. La forma en que lo hagas depende de ti, pero piensa en formas de comprender primero los valores y principios de tu estudiante y luego conectarlos con el material. Por ejemplo, es posible que no le importe mucho aprender sobre diseño web, pero dado que sí le importa mantenerse competitivo en su industria y ahorrar dinero y tiempo al no contratar a otros para corregir errores en el sitio web de su empresa, es posible que se sienta más motivado para aprender un poco sobre diseño web.

Trata de ver las cosas desde la perspectiva de tu estudiante. ¿Puedes diseñar tareas que no parezcan hipotéticas o escenarios irrelevantes? Haz las tareas tan auténticas y prácticas como sea posible, para que tu estudiante realmente sea testigo del valor real de las habilidades y conocimientos que está adquiriendo. Casi todas las habilidades son transferibles: encuentra formas de expresar la utilidad de lo que estás enseñando (¡de acuerdo con sus estimaciones, no con las tuyas!).

Incluso las cosas que se perciben como valiosas necesitan un poco de ayuda de vez en cuando, así que crea recompensas regulares para que el esfuerzo valga la pena para todos. Los elogios y la retroalimentación son invaluables. ¿Puedes detenerte de vez en cuando para reconocer el progreso logrado y darles a todos una palmadita en la espalda? Anima a tus estudiantes a no solo evaluar sus resultados, sino también a sentirse orgullosos de sus logros. Muestra algo de entusiasmo por este proceso por ti mismo (entusiasmo *genuino*, por supuesto).

Tu estrategia es generar expectativas de un resultado positivo; es esta expectativa la que inspira a los estudiantes a seguir trabajando incluso en momentos difíciles o aburridos. Asegúrate de tener muy claro lo que pueden esperar en el futuro: ¿cuáles son los objetivos, por qué apuntas hacia esos objetivos y cómo medirán ambos el éxito cuando los hayan alcanzado? Lleva un registro del nivel de desafío y asegúrate de que no sea demasiado difícil, ni demasiado fácil, sino que estén en el punto intermedio donde superar el desafío realmente se sienta como un logro.

También es importante que los estudiantes perciban el proceso como justo. Nada mata más la motivación que saber que las reglas son inconsistentes, o que algunos serán favorecidos sin aparentemente ninguna buena razón. Después de todo, ¿por qué esforzarse si los resultados no están garantizados, o incluso si se castiga el trabajo duro? Quieres que tus alumnos sepan que existe una relación directa, predecible y cuantificable entre lo que aportan y lo que obtienen. Con tus comentarios, necesitan saber exactamente por qué tienen éxito y por qué fracasan;

estar confundidos sobre el efecto de sus esfuerzos probablemente debilite cualquier entusiasmo.

El truco de la gamificación

Si hay alguien que sepa algo sobre cómo encender la motivación, es la industria del juego. De hecho, muchos dirían que los desarrolladores y comercializadores de juegos son tan buenos para captar y mantener la atención que rozan la adicción a la fabricación. ¿No sería fantástico si pudieras estudiar y aprender con el mismo enfoque y compromiso intensos que sentías por un videojuego adictivo? Bueno, esta es más o menos la teoría detrás de la gamificación, o el uso de los principios y elementos de los videojuegos en un contexto no relacionado con los juegos.

Todos los padres han notado que la motivación, la atención sostenida y el trabajo arduo son fáciles de reunir siempre y cuando su hijo realmente se preocupe por el «juego» que tiene delante. Pero aprender también es un juego, o al menos se puede convertir en uno. El principio es realmente obvio: si haces que el aprendizaje sea divertido, entonces tu estudiante naturalmente querrá hacer más; no se requiere fuerza ni autodisciplina. ¿Alguna vez has visto jugar a un gatito? ¡Ese gatito está aprendiendo simultáneamente las complicadas habilidades motoras necesarias para cazar y al mismo tiempo se lo pasa en grande!

Todo el mundo sabe instintivamente lo que se considera diversión y juego, y lo que se considera el asunto serio (y aburrido) del aprendizaje. Pero ¿qué parte precisa de la experiencia del juego se puede introducir en el entorno de aprendizaje para «gamificarla»? Si has jugado algún videojuego en tu vida, probablemente ya conozcas algunos de estos elementos.

En primer lugar, un elemento fundamental del juego es el **concepto de progreso paso a paso**. En los juegos, te mueves de nivel, ganas puntos o superas a los competidores. Hay un sentido de dirección y un propósito de construcción, tal vez incluso competencia, y el estudiante siempre sabe que este progreso es importante; sabe cómo se define el progreso y comprende los pasos necesarios para lograrlo.

Para ayudar con el seguimiento del progreso en el aprendizaje, puedes utilizar herramientas en línea como Moodle, Canvas, Piazza y otras. Estos sitios web te permiten publicar todos tus módulos y tareas, mostrando a los estudiantes qué porcentaje de ellos ya se han cubierto en clase. Se puede pedir a los estudiantes que envíen sus tareas, accedan a lecturas, vean calificaciones e incluso hagan preguntas a través de dichas plataformas. Esto genera una sensación de progreso, ya que ese número en el progreso total incrementa con frecuencia.

En segundo lugar, un juego a menudo puede contener algún tipo de **narrativa** que puede incluir personajes; de nuevo, la idea es que hay un campo fijo a través del cual se mueve el alumno, ya sea un mapa, un tablero o una historia cronológica en la que trabajan. Alternativamente, puedes presentar tu curso como una historia larga. Por ejemplo, si estás enseñando la historia de la Revolución Americana, no tienes que enseñarla como una mera serie de eventos. Involucrar diferentes perspectivas y teorías sobre el inicio y curso de la Revolución, cómo se percibía entonces y ahora, incluir anécdotas interesantes, etc. Además, el **andamiaje** es natural, ya que los jugadores se mueven a través de niveles crecientes de desafío y complejidad. Esto significa que siempre hay una oportunidad en el horizonte para «subir de nivel», con ganancias claras y obvias en el dominio a medida que avanza (por ejemplo, con la obtención de insignias o el desbloqueo de nuevas herramientas y habilidades).

Una característica clave de los juegos es que el **jugador tiene el control** del juego. No diseñan el mundo del juego ni establecen sus reglas, pero están facultados para tomar decisiones y ver cómo se desarrolla el resultado. Ellos están a cargo y pueden dirigir la experiencia y, si lo que está en juego es lo suficientemente grande, esto proporciona tanto una sensación de desafío como de logro cuando se completan esos desafíos. Un gran atractivo de los juegos es que el efecto de cualquier elección suele ser inmediato, es decir, **retroalimentación instantánea**. El jugador casi siempre puede ver el resultado o el desenlace de sus elecciones a la vez, y puede adaptarse y aprender en tiempo real. Esto hace que sus acciones se sientan relevantes y atractivas, ya que se establece un vínculo claro y directo entre la acción y la consecuencia.

Muchos juegos también contienen un elemento **colaborativo** y requieren trabajo en equipo y comunicación estratégica para resolver un problema mayor como grupo. La sensación de conexión social y diversión compartida puede, naturalmente, hacer que el tema en cuestión se sienta más relevante y significativo.

Entonces, ¿cómo podemos incorporar estos conceptos en nuestras lecciones para hacerlas más agradables y atractivas? En un sentido amplio, la gamificación puede tomar dos caminos: podría alterar el contenido real que se está enseñando, o podría alterar el mecanismo o la estructura a través del cual se presenta ese contenido. Por ejemplo, podrías estar intentando enseñarle a tu alumno un vocabulario nuevo en un idioma que está aprendiendo. Puedes gamificar tu enfoque clasificando diferentes palabras en niveles y utilizando tarjetas didácticas que motiven al alumno a recordar definiciones. Si lo hace y supera una palabra difícil, pasa al siguiente nivel.

Ese sería un ejemplo de gamificación de la estructura: el contenido del vocabulario permanece prácticamente igual. Pero podrías ser más creativo e introducir temas e ideas que vayan más allá del contenido simple. Podrías, por ejemplo, posicionarte a ti y al alumno como dos jugadores contrarios que deben intentar enfrentarse el uno con el otro, contigo planteando palabras y el alumno defendiendo el «ataque» con una definición precisa en el idioma que se está enseñando. Puede ganar «XP» al hacer esto o avanzar en un tablero con un avatar o un contador. Pero como puedes ver, no hay nada intrínsecamente parecido a una batalla en el vocabulario, este es el contenido que estás introduciendo para hacer que sea más fácil interactuar con el contenido existente.

Como verás, la gamificación es en realidad un enfoque perfecto para aprovechar lo que motiva intrínsecamente a las personas: todos podemos ser productivos y desafiarnos a nosotros mismos, siempre que el proceso se perciba como agradable y significativo. Gamificar tu enfoque de la enseñanza no solo inspira a tu estudiante a prestar más atención y realmente retener lo que aprende; también hace que todo el ejercicio sea más satisfactorio psicológicamente. ¡Qué liberador darse cuenta de que el aprendizaje no tiene que ser serio y aburrido para ser efectivo!

Con un enfoque similar a un juego para abordar nuevos conocimientos y habilidades, los estudiantes se convierten en agentes activos que dirigen su propio aprendizaje, algo que reconocerás en los cinco enfoques pedagógicos. Con el estudiante centrado y adueñándose de su progreso, esencialmente pueden jugar en un ámbito en el que prueban diferentes cosas y se adaptan a medida que avanzan, sin temor a fallar o tener consecuencias graves. Como maestro, tú mismo puedes incorporar algo de esta filosofía cuando armas un enfoque o plan de lección para tu estudiante. Pregúntate cómo puedes encontrarte continuamente con tu estudiante donde está y desafiarlo de nuevo a medida que avanza el aprendizaje.

Un juego educativo es un poco como una versión más simple y segura de la vida real, donde podemos probar la mentalidad de un explorador que aplica el método científico a la realidad. ¿Como funciona esto? ¿Por qué? ¿Qué tengo que hacer? ¿Cómo puedo ir de A a B y cuáles son las reglas que limitan mis acciones? Recuerda las bases de la motivación que discutimos anteriormente:

a. Evaluar la probabilidad de que una cantidad de esfuerzo invertido conduzca a un resultado o cambio predecible en el desempeño (¿qué tan duro tengo que trabajar?)

b. Evaluar hasta qué punto cualquier esfuerzo está directamente relacionado con un resultado deseado (¿qué me proporcionará ese trabajo?) y

c. Decidir qué tan atractivo es ese resultado para ti personalmente, de acuerdo con tus necesidades y valores (¿qué tan valioso es este resultado para mí?)

Es fácil ver cómo un enfoque gamificado cumple todos estos requisitos y no solo motiva a los estudiantes, sino que también mejora su disfrute del proceso a medida que aprenden. En lugar de entregar pasivamente contenido muerto para que el estudiante lo absorba, se convierte en una especie de «Jugador dos» que puede responder e interactuar dinámicamente con el estudiante a medida que aprende. ¡Es mucho más divertido!

Como profesor, cuando intentes gamificar una lección, debes, no obstante, mantener tu objetivo y enfoque de manera firme; no todo el juego es útil o conduce al aprendizaje. Mientras planificas una tarea, pregúntate:

- ¿Has configurado una secuencia escalonada de tareas que aumentan el desafío de manera incremental?
- ¿Le acabas de explicar las cosas a tu alumno o le has dejado que descubra los mecanismos del juego por sí mismo (¡mucho más interesante!)?
- ¿Tu juego contiene comentarios inmediatos que le permitan al estudiante modificar su comportamiento y volver a intentarlo rápidamente?
- ¿Tu juego está libre de «seriedad», es decir, es realmente seguro probar algunas cosas sin penalización?
- ¿Has dejado muy claro cómo tu estudiante puede subir de nivel y es el desafío apropiado para su capacidad?
- ¿Has delineado claramente el objetivo, el propósito y las reglas del juego, es decir, has establecido parámetros claros para lo que el estudiante puede y no puede controlar?

Observa a tus alumnos de cerca mientras realizan una tarea para ver si están frustrados o comprometidos. Si los ves avanzar demasiado rápido, aumenta el desafío para evitar que se aburran. Cambia el ritmo de las cosas y mézclalas justo cuando tus estudiantes se estén familiarizando demasiado. Antes de que te des cuenta, están en el «flujo» del juego y el aprendizaje, y las horas pueden pasar de esta manera sin aparentemente ningún esfuerzo.

Incluso si tienes dificultades para ver cómo enseñar tu materia específica y a un alumno específico utilizando los principios del juego, siempre puedes cambiar tu estrategia. Por ejemplo, no haces hojas de trabajo ni ejercicios, sino que te embarcas en misiones o completas misiones. No obtienes calificaciones sino XP, clasificaciones o la oportunidad de desbloquear niveles ocultos.

Unas palabras sobre la motivación extrínseca

Algunos profesores son críticos con la gamificación en el aula, creyendo no solo que no siempre funciona, sino que también crea una mentalidad completamente incorrecta, es decir, se centra en la motivación extrínseca en lugar de intrínseca. Es posible que te hayas preguntado esto tú mismo al leer sobre recompensas y el uso de la expectativa para impulsar la motivación. Si solo estás animando a alguien a actuar debido a los incentivos percibidos asociados a hacerlo, ¿realmente has creado algún cambio real y duradero? ¿Es esta realmente la forma más inteligente de involucrar a los estudiantes?

La diferencia entre motivación intrínseca y extrínseca es simple: cuando estamos motivados intrínsecamente, actuamos debido a fuerzas que nos impulsan desde dentro de nuestras propias percepciones, actitudes o creencias; cuando estamos motivados externamente, actuamos debido a alguna fuerza externa, como una recompensa o un castigo. Es la diferencia entre hacer algo por sí mismo y hacer algo específicamente para poder acceder a otra cosa.

El problema es que, si eliminas las dinámicas del juego como la competencia o el desafío arbitrario, ¿queda algo para motivar al estudiante a continuar? No hay duda al respecto: la gamificación es un sistema basado en recompensas que se basa completamente en la motivación extrínseca y, por esa razón, puede que no siempre sea apropiado o tan efectivo como alentar a los estudiantes a encontrar de forma independiente su propia valoración interna genuina de valor para la tarea en cuestión. Algunos conocimientos no son valiosos para ningún propósito extrínseco, sino simplemente por sí mismos. El conocimiento no es poder porque te ayude a lograr ciertos resultados, sino porque asegura que te conviertas en un individuo informado que sabe cosas que otros podrían ignorar debido a la falta de valor percibida.

Si solo deseas que el alumno se involucre y preste atención, no hay nada mejor que la gamificación. Por otro lado, si deseas lograr un amor genuino por el tema que persiste después de que se eliminan los trucos del juego, la gamificación puede no ser suficiente. El escenario ideal es un estudiante que esté independiente y genuinamente interesado en el material. Pero para que esto suceda, debe sentir que su éxito está bajo su control, que tiene las habilidades necesarias y que vale la pena alcanzar su objetivo en primer lugar (es decir, las condiciones motivacionales que describimos anteriormente).

Las cosas se vuelven un poco más complejas cuando consideramos que no todos responderán al material gamificado de la misma manera. Un «jugador» clásico podría encajar felizmente en el aspecto competitivo, motivado por las recompensas y el deseo de ganar. Un «socializador» puede obtener más valor de los aspectos relacionales y cooperativos del juego. A un «triunfador» casi no le importan los mecanismos; tiene el ojo puesto en el premio y quiere ganarlo. Por último, el «filántropo» podría preocuparse más por el significado y el valor general del juego, ya sea que gane o pierda.

En otras palabras, ludificar tu lección no sustituye a la comprensión de la personalidad y las preferencias únicas de tu estudiante. Hay algunos estudiantes que incluso pueden responder negativamente a la gamificación. El efecto de «sobre justificación» de recompensar cierto comportamiento puede hacer que ese comportamiento parezca inmediatamente menos deseable y, de hecho, tal estudiante puede desempeñarse mejor en ausencia de presión, competencia o un incentivo externo.

Es tu trabajo como maestro examinar de cerca cómo tus estudiantes experimentan los sistemas basados en recompensas. Necesitas saber realmente *por qué* están haciendo algunas cosas y no otras, y además necesitas comprender la fuente más profunda de su motivación. No deseas introducir un sistema que en realidad resta valor a la motivación y el interés naturales de tus estudiantes, u ofrecer alguna recompensa que no signifique nada para ellos. Incluso los estudiantes que encuentren atractivas las actividades ludificadas se cansarán de ellas eventualmente, buscando algo un poco más significativo. Como cualquier adicción, el usuario puede adquirir tolerancia y necesitar una promesa cada vez mayor de recompensa para llevar a cabo el mismo comportamiento.

Observa cuidadosamente para ver los niveles de energía e interés de tus estudiantes y observa el efecto real que tienen las recompensas en su desempeño. Es posible que comiencen a marcar las casillas, buscando la recompensa en lugar de centrarse en la mejor manera de hacer la tarea en cuestión. Por ejemplo, si ves a tus estudiantes apresurarse en un ejercicio solo para ganar los puntos asociados a su finalización, sin tomarse el tiempo para completar el ejercicio cuidadosamente, es posible que la gamificación no esté funcionando. Desafortunadamente, no hay reemplazo para la diligencia y el esfuerzo ocasionales.

Al igual que con cualquier otra técnica de enseñanza, la cuestión de si se debe gamificar o no se reduce a una cosa: ¿funciona en este caso particular o es, en última instancia, ineficaz? En esta nota, pasemos a otro aspecto del «entorno» académico más amplio que tiene consecuencias significativas sobre el desempeño de su estudiante.

Resiliencia académica

El concepto de *resiliencia académica* es la segunda clave para superar nuestros propios obstáculos internos al aprendizaje.

Aprender seguramente será difícil, incluso para aquellos con una supuesta inteligencia innata. Nada es fácil, al menos no en los niveles de dominio que buscamos. Y, sin embargo, muchas personas dejan la carrera al darse por vencidas ante la primera señal de dificultad.

Se dice que las personas que *no* se rinden cuando se enfrentan a desafíos de aprendizaje tienen *resiliencia académica*. Al igual que la inteligencia, esta no es una característica innata con la que algunos nacen, sino más bien un conjunto de habilidades que se pueden aprender y hábitos que se pueden cultivar para que resulten en la capacidad de superar los desafíos y seguir aprendiendo.

La confianza es solo un elemento del dinamismo académico, pero la confianza por sí sola es lo que nos permite superar nuestros miedos y ansiedades. En el primer capítulo, discutimos cómo la confianza puede desbloquear la falta de motivación. Imagínate cuánto más empoderado te sentirías con las dificultades del aprendizaje si pudieras encarnar cada elemento.

Investigadores de la Universidad de Sídney y la Universidad de Oxford han identificado cinco C que, si se desarrollan, resultarán en dinamismo académico. Estas cinco C son *compostura*, *confianza*, *coordinación*, *compromiso* y *control*. No son específicos del aprendizaje, pero son rasgos que ciertamente lo mejoran.

Resultará evidente por qué estas cualidades son importantes para superar los obstáculos asociados con el aprendizaje; la mayoría de ellas realmente no tienen que ver con el contenido o la información en sí. Más bien, la mayoría de los obstáculos tienen que ver con nuestra forma de pensar; nuestra fe y nuestro sentido de perseverancia terminan siendo lo que separa a los estudiantes más eficaces al final del día. Su influencia es mucho, mucho mayor que cualquiera de las técnicas de este libro. ¿Es esto para decir que donde hay voluntad, hay un camino? Sí, aprender en gran parte depende de cómo te sientas al respecto, y el resto se trata de ahorrar tiempo y trabajar de manera más inteligente.

Compostura es la capacidad de controlar y minimizar la ansiedad. Cuando los alumnos se sienten ansiosos mientras participan en sus estudios, generalmente es porque tienen miedo de sentirse avergonzados.

¿Qué pasa si las personas descubren que estamos tratando de aprender algo y esperan que demostremos nuestro conocimiento? ¿Qué pasa si fallamos completamente cuando esto sucede? *¿Y si fallamos?* El miedo puede ser paralizante.

Cuando las personas no pueden controlar su ansiedad, se sienten abrumadas por el miedo y paralizadas por la tensión que produce en sus cuerpos. En el peor de los casos, las preocupaciones superan los pensamientos del alumno, impidiendo que el alumno se concentre en la nueva información y la comprenda. Pero hay buenas noticias: esos temores son completamente infundados.

Dado que la ansiedad se basa en gran medida en el miedo al fracaso, debemos abordarlo directamente. Cuando pensamos en el miedo, pensamos en el peor de los casos. Sea lo que sea en lo que «fallamos», imaginamos que el mundo se acaba como resultado directo. Esto se conoce como catastrofización y ocurre siempre que ignoras las consecuencias realistas y sacas conclusiones drásticas.

Esta tendencia se conquista manejando tu diálogo interno. Reconoce que pueden pasar cosas negativas, pero que muchos de tus pensamientos pueden ser irracionales y ficticios. Considera las explicaciones y los resultados alternativos.

Si te sientes preocupado, contrarresta esa preocupación con optimismo. Si te reprende a ti mismo por un error, recuerda que es una oportunidad de aprendizaje y que te hará mejor la próxima vez. Cualquier pensamiento negativo puede contrarrestarse con éxito y de manera honesta con alternativas positivas, alentadoras, indulgentes y de aceptación. Con el tiempo, el cerebro acepta estas respuestas como más válidas que los pensamientos negativos y aterradores. Si la ansiedad es un problema para ti, sé persistente. Esto se puede superar. Puedes obtener la compostura que necesitas para ser académicamente optimista.

Confianza, también llamada autoeficacia, es la creencia de que eres capaz de realizar una tarea específica. Cuando nos falta confianza, estamos seguros de que no podemos lograr una meta con éxito. Nos hablamos a nosotros mismos, nos insultamos y menospreciamos cualquier progreso que logremos. Cuando esto sucede, a menudo abandonamos nuestro objetivo antes de poder demostrarnos a nosotros mismos y a los demás que somos un fracaso. El problema es que darse por vencido también es fallar; puede ser satisfactorio confirmar estas creencias negativas sobre nosotros mismos, pero es mucho más satisfactorio y menos estresante dejar a un lado nuestras dudas y alcanzar nuestras metas.

Si estás listo para mejorar tu confianza, existen dos técnicas principales. La primera, como vimos en la sección sobre la compostura, es el diálogo interno. Cuando tu cerebro te diga que eres un fracaso o que un tema es demasiado difícil de aprender, contrarresta ese pensamiento con la afirmación de que seguirás estudiando y, con tiempo y esfuerzo, lo lograrás. Si sigues cuestionando estos pensamientos, realmente se desvanecerán con el tiempo.

El segundo método es más concreto: el establecimiento de objetivos. Ganamos confianza de forma natural cuando cumplimos con las tareas. Cuando tenemos un historial de éxito, cada vez es más difícil creer que nuestras dudas tengan alguna credibilidad. La forma más rápida de hacer esto es crear metas de estudio diarias, o incluso cada hora, y observar cómo las cumples una y otra vez. Cuando esto suceda, ¡felicítate! Cada objetivo que alcanzas te acerca un paso más a tu objetivo final de dominio de habilidades. Más que eso, cada objetivo que alcanzas demuestra que tienes la habilidad y la fortaleza para alcanzar los objetivos que te propusiste. Es una señal de que tu confianza es real y legítima.

Coordinación es tu capacidad para planificar y administrar tu tiempo de manera eficaz. Cuando las personas no logran hacer esto, a menudo son víctimas de *La falacia de la planificación*. Esta falacia señala que las personas no son capaces de determinar cuánto tardan en completarse las tareas. Como regla general, suponemos que las tareas llevarán menos tiempo del que realmente necesitan. Peor aún, cuando suponemos que las cosas no tomarán mucho tiempo, a menudo posponemos esas tareas porque sentimos que tenemos mucho tiempo para hacerlas. Por lo general, esto no es cierto, y luego nos encontramos con asignaciones tardías y tareas laborales fallidas.

Se pueden seguir varios pasos para eliminar este problema. Minimizar las distracciones en tu área de trabajo es una excelente manera de comenzar. Apaga el teléfono, cierra la puerta y diles a tus amigos o familiares que estás ocupado y que no te molesten. Invariablemente, debes hacer esto poco después de obtener una nueva tarea para completar o un tema para estudiar. Aplazar las cosas lleva a llegar tarde, mientras que hacerlo de inmediato aprovecha todo el tiempo del que dispones. Por último, es mejor hacer primero la tarea más larga y difícil. Dejarlo para el final producirá una falsa sensación de seguridad y puede conducir a que tu trabajo esté incompleto en el momento en que se debe. Quitártelo de encima hace lo contrario, preparándote para tareas más fáciles y un final temprano.

Compromiso, también llamado coraje, es una combinación de pasión y perseverancia que puede nutrirse para ayudarte a alcanzar tus metas. Es fácil estudiar durante un día o una semana, pero los intentos de desarrollar nuevos hábitos a menudo fracasan. Nos encontramos acomodándonos con indiferencia en el sofá para ver otra película o programa de televisión, sin poner más esfuerzo en mejorarnos. Esto nos mantiene en la misma situación de vida, perdiendo un tiempo precioso, cuando podríamos estar usando esas mismas horas para mejorarnos a nosotros mismos y nuestras circunstancias.

Como en las dos categorías anteriores, el diálogo interno puede ser una herramienta útil para reforzar el compromiso. Hablar de hacer cosas y asegurarse de que puedes llegar al final son herramientas útiles. El hecho de que otros te apoyen de manera similar y te estimulen a estudiar cuando te estás debilitando puede reforzar tu sentido de responsabilidad personal y mantenerte en el camino incluso cuando tu energía está menguando.

Finalmente, comprender por qué te estás sacrificando y comprometiéndote puede ser poderoso. Sin una idea de cómo podemos beneficiarnos, o del dolor que claramente evitaremos, a veces podemos perder la motivación. ¿Qué sueños te ayuda a lograr esta información? ¿Qué dificultades y obstáculos se eliminarán una vez que domines esta información? Ten esto en cuenta, debes saber que estás trabajando por algo más grande que el momento actual de incomodidad.

Por último, ***control***. Tenemos que sentir que podemos controlar nuestro destino. Aquí hay varios aspectos a tener en cuenta. Primero, debemos sentir que tenemos la habilidad y la capacidad para lograr los resultados de aprendizaje que queremos. La falta de esto nos hace sentir como si estuviéramos en movimiento solo por el movimiento, sin acercarnos nunca al objetivo final. Cubrimos esto en un capítulo anterior, pero no existe nada real como inteligencia innata. Bueno, lo hay, pero en realidad no afecta al noventa y nueve por ciento de nosotros. Comprende que, con trabajo duro, el resultado que deseas es posible y que luchar es una parte inevitable del proceso. La incomodidad debe ser la expectativa, no la excepción.

En segundo lugar, debemos tener un sentido de propiedad sobre nuestro proceso de aprendizaje. Cuando tenemos un sentido de control en nuestro trabajo, sentimos responsabilidad personal, o un sentido de propiedad, que nos impulsa a hacer nuestro mejor esfuerzo y seguir trabajando ante los contratiempos. Cuando no tenemos eso, trabajar y estudiar puede parecer inútil, como una pérdida de tiempo. Simplemente sentiremos que se nos dice qué hacer.

Esto se puede abordar asegurándote de manera proactiva de cuáles son tus objetivos y adaptando tu trabajo diario para alcanzarlos. Toma tu destino en tus propias manos y crea tu propio plan. Siempre tienes la opción de flotar hacia las expectativas, metas y planes de otras personas, o crear un conjunto personalizado para ti mismo.

El aprendizaje en sí mismo no es una tarea difícil. Pero perder cualquiera de estos elementos académicos de dinamismo simplemente te preparará para el fracaso. Son más requisitos previos para el aprendizaje eficaz que tácticas en sí mismas.

La flotabilidad académica quizás se enmarque mejor como resiliencia: la capacidad de adaptarse a situaciones estresantes. Las personas más resistentes son capaces de «lidiar con los golpes» y adaptarse a la adversidad sin dificultades duraderas; las personas menos resilientes tienen más dificultades con el estrés y los cambios de vida, tanto mayores como menores. Se ha descubierto que quienes afrontan tensiones menores con mayor facilidad también pueden gestionar crisis importantes con mayor facilidad, por lo que la resiliencia tiene sus beneficios tanto para la vida diaria como para las raras catástrofes importantes.

La psicóloga Susan Kobasa señaló tres elementos para la resiliencia: (1) considerar las dificultades como un desafío, (2) comprometerse a lograr una meta sin importar qué, y (3) limitar sus esfuerzos e incluso sus preocupaciones solo a los factores sobre los que tienen control.

Otro psicólogo llamado Martin Seligman señaló tres elementos diferentes de resiliencia: (1) ver los eventos negativos como temporales y limitados, (2) no dejar que los eventos negativos los definan a ellos ni a su perspectiva, y (3) no culparse o denigrarse demasiado a sí mismos por los eventos negativos. Su tema general parece ser dejar pasar la negatividad como algo temporal y no indicativo de defectos personales.

Está claro cómo cualquiera de esos seis factores de resiliencia puede desempeñar un papel en el logro de los objetivos de aprendizaje que queremos. Se trata simplemente de cómo te recuperas del fracaso. El fracaso es parte de la vida, y es lo que hacemos después del hecho lo que determina nuestro carácter y, en última instancia, nuestro éxito.

Fracaso productivo

En la mayoría de las situaciones, vinculamos el logro con el éxito: ganar, resultados positivos y encontrar soluciones. Pero en el aprendizaje, un componente clave del logro es *fallar*.

El *fracaso productivo* es una idea identificada por Manu Kapur, investigador del Instituto Nacional de Educación de Singapur. La filosofía se basa en la paradoja del aprendizaje, en la que *no* llegar al efecto deseado es tan valioso como prevalecer, si no más. Este no es el impacto emocional, sino más bien el impacto neurológico.

Kapur afirmó que el modelo aceptado de inculcar el conocimiento, dar a los estudiantes estructura y orientación desde el principio y apoyo continuo hasta que los estudiantes puedan obtenerlo por sí mismos, podría no ser la mejor manera de promover el aprendizaje. Aunque ese modelo tiene sentido intuitivamente, de acuerdo con Kapur, es mejor dejar que los estudiantes se tambaleen solos sin ayuda externa.

Kapur realizó una prueba con dos grupos de estudiantes. En un grupo, los estudiantes recibieron una serie de problemas con el apoyo educativo completo de los maestros en el sitio. El segundo grupo tuvo los mismos problemas pero no recibió ayuda de ningún maestro. En cambio, el segundo grupo de estudiantes tuvo que colaborar para encontrar las soluciones.

El grupo apoyado pudo resolver los problemas correctamente, mientras que el grupo abandonado a su suerte no lo hizo. Pero sin apoyo educativo, este segundo grupo se vio obligado a profundizar más en los problemas trabajando juntos. Generaron ideas sobre la naturaleza de los problemas y especularon sobre cómo serían las posibles soluciones. Intentaron comprender la raíz de los problemas y qué métodos estaban disponibles para resolverlos. Se investigaron múltiples soluciones, enfoques y ángulos que terminaron proporcionando una comprensión tridimensional de los problemas.

Luego, se evaluó a los dos grupos sobre lo que acababan de aprender, y los resultados ni siquiera estaban cerca. El grupo sin la ayuda del maestro *superó significativamente* al otro grupo. El grupo que no resolvió los problemas descubrió lo que Kapur consideró una «eficacia oculta» en el fracaso: fomentaron una comprensión más profunda de la estructura de los problemas a través de la investigación y el proceso grupales.

Es posible que el segundo grupo no haya resuelto el problema en sí, pero aprendieron más sobre los aspectos del problema. En el futuro, cuando esos estudiantes encontraron un nuevo problema en otra prueba, pudieron usar el conocimiento que generaron a través de su prueba de manera más efectiva que los receptores pasivos de la experiencia de un instructor.

En consecuencia, Kapur afirmó que las partes importantes del proceso del segundo grupo fueron sus pifias, errores y torpezas. Cuando ese grupo hizo el esfuerzo activo de aprender por sí mismo, retuvo más conocimiento necesario para problemas futuros.

Tres condiciones, dijo Kapur, hacen que el fracaso productivo sea un proceso efectivo:

- Elegir problemas que «desafíen, pero no frustren».

- Dar a los alumnos la oportunidad de explicar y elaborar sus procesos.

- Permitir que los alumnos comparen y contrasten soluciones buenas y malas.

Luchar con algo es una condición positiva para el aprendizaje, aunque requiere disciplina y una sensación de gratificación tardía. Esto va en contra de nuestros instintos. ¿Cómo podemos, por así decirlo, dejar que el fracaso funcione para nosotros?

Lo más probable es que te encuentres con uno o dos momentos de derrota en tu proceso, junto con la tentación de rendirte. Incluso puedes sentir esto antes de comenzar, lo que puede provocar una ansiedad paralizante que puede flotar sobre tu trabajo.

Espera pero no sucumbas a la frustración.

Anticipar la frustración de antemano es solo una buena planificación, pero también debes planificar cómo lidiar con ella. Esboza un plan o una idea sobre cómo aliviar la frustración cuando suceda; la mayoría de las veces, esto será tomar un descanso de la situación para recargar energías y alejarse momentáneamente del problema. Muy a menudo, el mero hecho de hacer una pausa permite que la objetividad se filtre, lo que te permite ver el problema con mayor claridad. Pero, en cualquier caso, disminuirá las ansiedades más inmediatas que estés sintiendo y te dará la oportunidad de abordar el problema desde un estado de ánimo más relajado.

Es una cuestión de sentirse cómodo con un estado de incomodidad y confusión mental. Esto puede ser similar a hacer malabarismos con diez pelotas en el aire a la vez y no estar seguro de cuándo puedes colocarlas.

El modo de aprendizaje es diferente del modo de resultados y tienen medidas de éxito completamente diferentes. Cuando quieres aprender, solo busca un aumento en el conocimiento; *cualquier* aumento es un aprendizaje exitoso. Replantea tus expectativas para que el aprendizaje sea tan importante como el resultado, *más* importante, si es posible.

El conocimiento explícito y estático, como hechos y fechas, no necesariamente se beneficia de esto. No es necesario. Pero la transmisión de una comprensión profunda y en capas no puede simplemente conectarse al cerebro. Debe manipularse y aplicarse, y el fracaso es inherente a ese proceso. En cierto modo, las fallas funcionan de manera similar a los tipos de preguntas que discutimos en un capítulo anterior, donde lentamente te permiten triangular el conocimiento y la comprensión en función de lo que *no* funciona y lo que *no* es cierto.

Al final, el fracaso actúa como un modelo para nuestros próximos pasos. Es una ejecución de prueba que no salió según lo planeado y, por lo tanto, te permite rectificar los asuntos señalados para el futuro.

Por ejemplo, supongamos que estás plantando un huerto, observando los pasos y las técnicas que usas a lo largo del camino y, cuando llega el momento de cosechar, algunas de tus plantas no salen como se supone que deberían. ¿Es porque trabajaste en el suelo equivocado? Utiliza tus recursos para averiguar *por qué* ese suelo estaba mal y cómo debe verse. ¿Estaba la planta que no salió demasiado cerca de otra? Aprende técnicas para maximizar la ubicación en un espacio pequeño.

Escondido en todo esto está el hecho de que vivir y actuar para evitar el fracaso, incluso solo en el aprendizaje, conduce a resultados muy diferentes a los de alguien que busca activamente el éxito. Un enfoque quiere limitar la exposición y el riesgo, mientras que el otro se centra en el objetivo final sin importar el costo. El fracaso no tiene por qué ser tu amigo, pero será tu compañero ocasional, te guste o no. Teniendo esto en cuenta, probablemente tenga más sentido incorporar el enfoque que se trata de asumir más riesgos y también de obtener mayores recompensas.

Libertad de juicio

En cierto modo, una de las mejores lecciones que cualquier maestro puede impartir a cualquier estudiante es una actitud saludable hacia el riesgo y el fracaso. La mentalidad con la que nosotros, como profesores, abordamos todo el proceso de aprendizaje, comunica poderosamente a nuestros estudiantes cuáles son los parámetros del aprendizaje, sus valores, etc. Entonces, si hablamos sobre el fracaso y cómo en realidad puede enseñarnos de manera más efectiva que el éxito, también debemos hablar sobre los aspectos *psicológicos* del fracaso cuando se trata de aprendizaje.

Un entorno de aprendizaje libre de juicios es aquel que fomenta una actitud sólida hacia el fracaso o la derrota. Si el fracaso es tan importante para el proceso de aprendizaje, debemos asegurarnos de que nuestros estudiantes se sientan lo suficientemente libres para tomar riesgos y probar cosas nuevas sin sentirse estúpidos por hacerlo. El juicio es un juego de ego, es parte de la «mentalidad fija» que ve el conocimiento y el aprendizaje como algo para reforzar la identidad personal de uno, o ganar una discusión.

El problema es cuando el ego hace que la autoestima y la identidad dependan del éxito. El otro lado de esto es que luego experimentamos el fracaso, los errores, la ignorancia, el retraso o la derrota como un ataque a nuestra propia identidad y una amenaza a nuestra autoestima. Entonces, en lugar de pensar, «Fallé», pensamos, «*Soy* un fracaso». Puedes ver qué actitud es más probable que conduzca a la autocorrección y al aprendizaje. La ironía es que aferrarnos a la idea de tener razón y nunca cometer un error o fracasar nos hace *menos* resistentes a la adversidad y menos propensos a evolucionar y aprender de verdad.

Es una paradoja; cuando nos embarcamos en el aprendizaje, obviamente queremos obtener más dominio, conocimiento y comprensión. Pero el precio de esto a menudo es la experiencia de ser un principiante, que debe enfrentar constantemente su propia ignorancia y falta de habilidad. Por eso es importante apreciar la meta-habilidad de poder tolerar no solo el fracaso, sino también la incertidumbre, la ambigüedad y la complejidad. Un buen maestro hace que su alumno sienta que puede experimentar, probar cosas, fallar, adaptarse y hacer preguntas de manera segura y sin consecuencias para su sentido de autoestima o identidad.

Pero es posible que te estés preguntando: ¿el aprendizaje realmente tiene que ser una experiencia tan agotadora y llena de errores? ¿Seguramente los sentimientos positivos de éxito y orgullo también son grandes motivadores? Puedes imaginarte que tener que enfrentar rutinariamente tus propias deficiencias o derrotas rápidamente se volvería desmoralizante y conduciría a menos aprendizaje, no a más. Para comprender mejor este equilibrio, podemos recurrir al concepto de Ratio Losada, introducido por primera vez por los psicólogos Marcial Losada y Barbara Frederickson.

La idea es que existe una proporción fija de emociones negativas a positivas que apoyaría mejor una vida exitosa y equilibrada. Utilizando modelos matemáticos, la pareja encontró que la proporción ideal se encontraba entre tres y once, lo que significa que el número de comentarios, ideas, pensamientos, sentimientos, etc. positivos tenía que ser alrededor de tres a once veces mayor que los negativos, para que una persona prosperara de manera óptima.

La retroalimentación positiva, la recompensa y el refuerzo ayudan. Pero demasiado puede tener el efecto contrario.

La crítica, el fracaso y la derrota también pueden ayudar al aprendizaje. Pero demasiado puede desmotivar y frustrar. Sin embargo, si las personas experimentan aproximadamente tres veces más información positiva que negativa, prosperarán. Sin embargo, en proporciones superiores a 11:1, las ganancias de rendimiento se pierden, es decir, se alcanza el «Ratio Losada», al menos según esta teoría.

Da la casualidad de que el artículo original de Ratio Losada ahora ha sido seriamente criticado por carecer de validez científica y el concepto ha sido completamente desacreditado. Sin embargo, su popularidad sugiere que hay cierto valor en la idea de que las experiencias emocionales positivas y negativas deben estar en un equilibrio óptimo.

Como maestros, podemos descartar la ciencia específica detrás de la teoría y al mismo tiempo apreciar que nuestros estudiantes probablemente tengan una proporción ideal entre desafío y facilidad, logro y decepción. Una vez más, no existe ninguna sustitución por trabajar dinámicamente con el alumno único que tienes delante. Puede ser que la proporción positiva: negativa cambie a diario o dependa del tema en cuestión, pero probablemente sea cierto que la mayoría de nosotros trabajamos mejor cuando lo positivo supera a lo negativo.

Entendiendo la retroalimentación

Siempre que nos relacionamos con el medio o alguna información nueva, recibimos comentarios. La retroalimentación es simplemente causa y efecto, y nos permite conocer el resultado de nuestras acciones. Sin embargo, como maestro, tú facilitas este proceso y brindas a tus alumnos comentarios que tienen la intención deliberada de apoyarlos, guiarlos y alentarlos. La retroalimentación es información sobre cómo lo estamos haciendo en relación con nuestro objetivo. Es como una conversación: es de ida y vuelta donde surge el significado. Es simple: cuando un estudiante sabe qué efecto tienen sus acciones en general, puede ajustarse y, en última instancia, mejorar su desempeño, autoevaluación y conciencia.

En algún momento a lo largo de la línea, se hizo común hacer un «gran trabajo» a los estudiantes, independientemente de su desempeño. Sin embargo, los elogios vacíos o poco sinceros son tan inútiles como dar una calificación sin explicar cómo se determinó. Dar comentarios buenos, prácticos y significativos como profesor es un arte. Se trata de *cómo* se proporciona la retroalimentación, en lugar de las palabras o frases específicas. Ya hemos visto que, en general, la retroalimentación probablemente debería estar más a favor de lo positivo que de lo negativo, pero hay otras características de la retroalimentación de calidad.

- **Respeto.** Como punto de partida, los estudiantes deben sentir que son tratados con dignidad y cortesía, sin importar quiénes sean. Esto permite que la retroalimentación se reciba como lo que es, en lugar de un ataque al individuo. Por ejemplo, en un lugar de trabajo dominado por hombres, la retroalimentación para una empleada probablemente solo sea efectiva si siente genuinamente que lo que le dicen es realmente sobre su desempeño y no sobre el hecho de que es una mujer.

- **Puntualidad.** La retroalimentación debe proporcionarse lo más cerca posible del evento con el que se relaciona. Por ejemplo, no esperes dos semanas para evaluar el desempeño de un proyecto; es poco probable que tus comentarios se tomen en cuenta. En ese sentido, para que la retroalimentación sea formativa, debe proporcionarse con frecuencia y en pequeñas dosis; una sola evaluación grande puede dejar a los estudiantes sintiéndose en la oscuridad mientras tanto, y puede darles la oportunidad de agravar los errores evitables.

- **Sé específico.** Quieres que tu estudiante sepa exactamente dónde se encuentra y por qué. Los comentarios vagos pueden resultar estresantes y hacer que las personas se sientan mal consigo mismas. En cambio, sé claro exactamente en lo que el estudiante está haciendo bien, qué debe mejorar, cómo se está desempeñando frente a otros o un estándar fijo y, lo más importante, los pasos concretos que puede tomar para remediar la situación. Si un estudiante simplemente siente que ha menospreciado, no tendrá idea de qué hacer a continuación o cómo mejorar.

- **Utiliza el método de «sándwich».** Una estructura útil a seguir es comenzar con un cumplido, pasar a la corrección y luego terminar con un cumplido. De esta manera, la retroalimentación se amortigua en un contexto de positividad con más probabilidades de inspirar y alentar. Por ejemplo, «Tu apertura fue genial y tienes un excelente control de la respiración. Las notas altas todavía se sienten un poco inestables, pero terminaste fuerte, particularmente el último coro». ¡Naturalmente, los cumplidos tienen que ser sinceros!

- **Describe en lugar de evaluar.** «Mostrar tu trabajo ha hecho que sea mucho más fácil seguir tu proceso» es una retroalimentación más efectiva que «Oye, buen trabajo». La diferencia es sutil, pero la primera fomenta la motivación interna y explica *por qué* algo se percibe favorablemente. El estudiante puede llegar a sus propias conclusiones y sentir un orgullo más genuino que si simplemente le hubieran dicho «¡eres genial!». De manera similar, concentra la retroalimentación en acciones o habilidades, en lugar de atributos personales. Esto fomenta una mentalidad de crecimiento que aumenta la tolerancia al fracaso y los errores. Por lo tanto, decir «tú técnica de espalda se está volviendo realmente más fuerte» en realidad es más probable que infunda confianza que decir «eres un nadador dotado por naturaleza», lo que no le da al estudiante mucho con qué trabajar. Evita los consejos («deberías hacer XYZ») por la misma razón.

- **No lo hagas personal.** Si un estudiante es particularmente sensible, puedes encontrar formas de ofrecer comentarios sin siquiera referirse a él directamente. Modela un desempeño incorrecto y luego critícate a ti mismo, o habla sobre un ejemplo hipotético. Dependiendo de las personalidades de tus alumnos, también puede ser útil pedirles que se evalúen a sí mismos o incluso que te den retroalimentación sobre tu enseñanza; esto hace que el proceso de aprendizaje se sienta como una colaboración en lugar de una dinámica de poder con el profesor que evalúa al alumno. Por la misma razón, evita comentarios que expliquen lo complacido o molesto que estás personalmente con el desempeño de tu estudiante; ¡no se trata de ti!

- **Mezclar.** Puedes dar tu opinión de varias formas. Presta atención a lo que funciona para tu estudiante y adapta tu comunicación para que seas bien escuchado. Considera nuevamente los motivadores innatos de tu estudiante y apela a ellos cuando brindes retroalimentación; por ejemplo, puedes enfatizar la clasificación relativa de una actuación si sabes que tu estudiante está motivado por el dominio y la victoria. Intenta dar retroalimentación verbalmente, pero también deja notas o pequeñas correcciones discretas por escrito. A veces, una simple sonrisa o un pulgar hacia arriba funcionan. Incluso podrías obtener comentarios de un tercero que consulte junto con tu estudiante.

Incluso si eres amable, razonable y transparente en tus comentarios, intenta recordar que las críticas *aún* pueden ser difíciles de digerir, así que sé amable. Trata de lograr un equilibrio entre la sinceridad y la compasión, y evita abrumar a tu estudiante volcando mucha información sobre él a la vez.

Dar retroalimentación se trata de hacer ajustes realistas al aprendizaje, pero también es una experiencia emocional, así que ten esto en cuenta y dale a tu alumno espacio para procesar lo que le has dicho a su manera. Si nunca haces comentarios con un aire de juicio, tu estudiante aprenderá rápidamente a no tomarlo de esa manera. Un método para fomentar esta mentalidad neutral es utilizar la retroalimentación. Los buenos comentarios deben ser **accionables**. Pídele a tu estudiante que te diga cómo planea hacerlo o si ya ha incorporado tus sugerencias. Esto empodera y puede enfocar la mente, lo que permite al estudiante superar rápidamente cualquier sentimiento potencial de vergüenza o decepción.

Aún mejor, cuando vinculas la retroalimentación con una acción significativa, puedes ver las tendencias que se desarrollan; la próxima vez que evalúes a tu estudiante, podrías brindarle lo que podría ser la retroalimentación más satisfactoria de todas: «Puedo ver que tomaste en cuenta mis comentarios y debido a tu arduo trabajo definitivamente has mejorado. Bien hecho». Por cada retroalimentación que brindes, intenta crear una oportunidad para responder a esa retroalimentación y hacer cambios significativos.

Una buena retroalimentación ayuda a los estudiantes a internalizar su propia capacidad para autoevaluarse y adaptarse después de la observación. Les enseña a pensar en su propio progreso. Independientemente de la retroalimentación que des o cuándo la des, el lenguaje positivo puede ser extremadamente poderoso. Una vez más, no es exactamente lo *que* dices, sino *cómo* lo dices. Una buena retroalimentación contiene detalles concretos y específicos para anclar al estudiante en la acción, pero también contiene un componente emocional. Tu elección de palabras comunica tu respeto, apoyo y consideración positiva por el estudiante.

En lugar de decir, «No puedo escuchar una palabra de lo que estás diciendo», puedes decir «Puedo escuchar tu voz mucho mejor cuando levantas la barbilla y hablas así. Entonces tu pasión en el discurso realmente se manifiesta».

En lugar de decir: «Esa pintura es un desastre», podrías decir: «No creo que tu intento de unir estos elementos haya funcionado realmente esta vez, y tengo la sensación de que no transmitiste completamente el significado con tu uso del color en esta parte».

En lugar de decir: «La razón por la que te sigues lastimando es porque sujetas mal el bate», podrías decir algo como, «¿Cuál crees que es el efecto de sostener el bate de esa manera? ¿Qué crees que pasaría si intentaras sostenerlo un poco más arriba?».

La retroalimentación no es lo mismo que un **consejo** y no es lo mismo que una **evaluación**. El simple hecho de pronunciar algo bueno o malo en realidad no ayuda a tu estudiante a aprender o mejorar. Piensa en tu papel al dar retroalimentación como facilitador de un proceso natural en la vida, es decir, actuamos, nuestras acciones tienen resultados y, si queremos aprender, es mejor que notemos estos resultados y hagamos los ajustes necesarios. Llamar la atención sobre el efecto de las acciones de tu estudiante y relacionarlo con la meta. Si se realiza de manera *continua* y *constante*, tu estudiante tiene una amplia oportunidad de profundizar en el material y refinar su comprensión y su habilidad. En caso de duda, favorece la retroalimentación sobre la enseñanza (es decir, el enfoque integrador de la pedagogía).

Para comprobar tu propia habilidad para proporcionar retroalimentación, hazte regularmente las siguientes preguntas:

a. ¿Mis comentarios se refieren al objetivo? La retroalimentación está más enfocada cuando básicamente puedes responder a la pregunta: ¿la acción que estoy evaluando acerca o aleja al estudiante de su objetivo establecido? (Nuevamente, vemos por qué es tan importante tener metas claramente establecidas en el aprendizaje. A veces, simplemente recordarle a tu estudiante el objetivo más grande es suficiente para corregir el curso).

b. ¿Tus comentarios son específicos, concretos y viables? ¿Has brindado orientación u observaciones con las que el alumno realmente pueda hacer algo? Por ejemplo, no sirve de nada criticar a tu alumno por no rendir más allá de lo que realmente es capaz de hacer. Mantén los juicios, suposiciones y expectativas fuera de la retroalimentación y observa hechos claros y neutrales, y precisamente qué *hacer* dada la retroalimentación.

c. ¿Tus comentarios son apropiados para tu estudiante? La retroalimentación es comunicación y la comunicación falla si no se recibe correctamente. ¿Estás hablando de una manera que sea comprensible para tu estudiante?

d. ¿Tus comentarios contienen información significativa sobre la tarea, el proceso o el desempeño? En otras palabras, ¿estás ofreciendo información que realmente proporcione conocimiento y una oportunidad de aprendizaje?

Buena retroalimentación:

- Es clara, resuelta, significativa y compatible con conocimientos previos
- se centra en la intención de aprendizaje y los criterios de éxito
- ocurre mientras los estudiantes están aprendiendo; por lo tanto, la retroalimentación verbal es mucho más efectiva que la escrita
- proporciona información sobre cómo y por qué el estudiante ha cumplido o no con los criterios
- proporciona estrategias de mejora

Según John Hattie, un destacado investigador en educación, la retroalimentación es útil cuando aborda las preguntas fundamentales de «¿a dónde voy?», «¿cómo voy?» y «¿a dónde vamos ahora?». Estas preguntas son poderosas ya que reducen la brecha entre dónde está el estudiante y dónde debe estar, en referencia a sus objetivos de aprendizaje. Otra forma de retroalimentación poderosa es la que busca el maestro, donde los estudiantes muestran al maestro lo que han aprendido (evaluación formativa).

Como parte de nuestra cultura de enseñanza explícita, los maestros brindan regularmente comentarios instructivos durante las fases de «hacemos» y «tú haces». Es importante destacar que la instrucción explícita a menudo enfatiza la función positiva de los errores, cuando los maestros hacen correcciones inmediatas para asegurar el logro de las metas de aprendizaje. Este tipo de «entrenamiento de errores» puede conducir a un mayor rendimiento en las aulas si el maestro ha creado un entorno seguro en el que los estudiantes se sientan cómodos al asumir riesgos.

Los maestros también utilizan los datos de evaluación de los estudiantes y buscan comentarios de los estudiantes en las sesiones plenarias, como una fuente de comentarios sobre la efectividad de su práctica docente. También se busca la retroalimentación de los estudiantes en nuestro proceso de mejora del desempeño de 360 grados.

En los hallazgos de la revisión de IPS de 2017, se declaró: «Las discusiones con líderes estudiantiles mostraron que el establecimiento de metas de logro y la provisión continua de retroalimentación de los maestros sobre su desempeño estaba teniendo un impacto poderoso y positivo en su aprendizaje».

Aportes

- Los estudiantes solo aprenderán cuando estén motivados, por lo que es deber del maestro establecer un entorno de aprendizaje que apoye esta motivación.

- Los seres humanos actúan de acuerdo con su valoración del nivel de esfuerzo requerido, su resultado probable y la conveniencia percibida de ese resultado. Los profesores pueden motivar a los estudiantes aumentando el valor percibido del objetivo de aprendizaje y su proceso, así como incrementando la expectativa de un resultado positivo sin socavar la motivación intrínseca.
- La gamificación es un enfoque en el que los elementos de juego se incorporan a contextos que no son de juego, como el aprendizaje. Los maestros pueden usar un andamiaje para «subir de nivel», poner al «jugador» en control del juego, fomentar la colaboración estratégica y asegurarse de que el alumno no solo reciba retroalimentación inmediata para cada acción, sino que su juego siempre está guiado por un propósito bien entendido y la expectativa de las «reglas».
- El dinamismo académico es algo que los profesores siempre deben

fomentar en los estudiantes, y esto consiste en compostura, confianza, coordinación, compromiso y control. Con una mentalidad que fomenta el desarrollo de estos rasgos, los aspectos difíciles del aprendizaje se superan y dominan con tanta seguridad como el propio material.
- El fracaso productivo es la perspectiva de que el fracaso en sí mismo es un maestro valioso y puede mejorar la comprensión y el dominio más que el éxito. Los maestros pueden modelar una actitud óptima ante el fracaso, es decir, que es normal, manejable y útil.
- Los buenos maestros deben crear una atmósfera de aprendizaje sin juicios. Esto significa desconectar el desempeño de la autoestima o la identidad del estudiante, de modo que el fracaso y los errores no se perciban como amenazantes o humillantes. Cuando un maestro modela la ausencia de juicios, un estudiante se siente seguro para explorar, experimentar y cometer

errores intencionales en su viaje de aprendizaje.
- La retroalimentación es una parte vital del entorno estudiantil. Una buena retroalimentación es concreta, específica para el objetivo en cuestión, oportuna, significativa, relevante y comprensible para el estudiante, y viene con pasos claros y realistas para las próximas acciones. No es juicio, consejo, elogio o crítica sin una elaboración significativa del proceso de aprendizaje en sí.

www.ingramcontent.com/pod-product-compliance
Lightning Source LLC
Chambersburg PA
CBHW052206090526
44583CB00017BA/2148